CAMINO DE VALOR
SU GUÍA DESDE
EL DUELO HASTA LA ESPERANZA

CAMINO DE VALOR: SU GUÍA DESDE EL
DUELO HASTA LA ESPERANZA
Título original: COURAGE ROAD:
YOUR GUIDE FROM GRIEF TO HOPE

Copyright ©2016 por Mary Ransom, MFT
Copyright de la Traducción © 2018 por Orlando Vigil

Reservados todos los derechos. Queda prohibido el uso o la reproducción total o parcial de este libro sin el permiso escrito de la editorial. Impreso en Estados Unidos de América. Para más información: Mary Ransom, MFT: Mary@CourageRoad.com

ISBN: (Edición de Bolsillo)

Diseño de portada por Elizabeth Mackey
Imagen de portada por Mike Robinson
Diseño de libro por Naomi Vogel

Primera Edición Primera Impresión

Impreso y encuadernado en USA
Visita www.CourageRoad.com

Les doy agradecimientos a las siguientes organizaciones e individuos: Hospice de Santa Barbara—una organización maravillosa y la fundación para este libro. A todos mis exclientes quienes hicieron su viaje en duelo conmigo y me enseñaron el significado del Valor. A las valientes mujeres lindas del Grupo de Viudas (Widows' Group) y a las queridas integrantes de la OLG. A Joanne Talbot, una supervisora y mujer especial. A Nina Smith, cuyo trabajo colaborador nuestro en County Mental Health me enseñó tanto. A Katherine Aaron, mi asistente virtual con Time Etc.—Gracias por siempre ayudarme con tan poco aviso de antemano. A Naomi Vogel—Me encanta el diseño del libro. Unas gracias especiales a Dorothy Wallstein, quien me inspiró con la confianza para poner por escrito mi conocimiento. No hubiera ni comenzado esto proyecto sin su ayuda.

Les dedico este libro y les envío mi amor a Rachel, Michael, Allen, y Mashee. Gracias por su entusiasmo y por apoyarme en la vida.

La compasión y consultación de Mary Ransom a través del viaje emocional de mi duelo fue esencial para mí. Su trabajo comprensivo y sincero con Hospice of Santa Barbara Widow's Group fue fundamental como piedra de toque a la paz elusiva que necesitaba en un tiempo tan trágico y doloroso.

Susan Cochran,
Autora de *In the Sea of Grief and Love*

Mientras leía las palabras de este libro, me recordaba de un tiempo muy oscuro en mi vida cuando mi esposo había muerto. No creía que podría superar el dolor, pero Mary con paciencia y cariño me acompañó a un lugar de esperanza. Sus métodos y su postura son tiernos y prácticos. Para siempre seré agradecida.

Beth Morales,
Capellán de la Cárcel

Llegué a conocer a Mary Ransom a través de los cinco años que serví como Director Ejecutivo de Hospice of Santa Barbara. En ese tiempo, servían a centenares de clientes cada mes quienes estaban en duelo por la pérdida de un querido. Si fuera la pérdida de un esposo o esposa, padre o madre, hijo o hija, Mary siempre se comprobó fielmente ser una consejera talentosa sobre el duelo, y al leer este libro, verá por qué. Mary es genuinamente cariñosa, sumamente práctica, y siempre sabia. Ella conoce bien cuán difícil puede ser el viaje del duelo, y sabe bien cómo mejor ayudar. Ha acompañado y guiado a incontables personas por este camino difícil hacia la curación y la esperanza, y con esta guía clara y estimulante, estoy seguro de que ayudará a innumerables personas más. Confíe en ella.

Steve Jacobsen,
Codirector de La Casa de María Retreat
Y Centro de Conferencias, Santa Barbara

CONTENIDO

INTRODUCCIÓN   1

CÓMO USAR ESTA GUÍA   3

PARTE 1: SON LLAMADOS AL CAMINO   5

- La Complejidad del Duelo   5
- Descubriendo su Valor   8
- El Impacto de la Pérdida   10
- La Transformación del Duelo   12

PARTE 2: SU MOCHILA   15

- Bucles de Recuperación   15
- Los Sentimientos Pasan, Los Sentimientos Cambian   17
- La Metáfora de la Oleada   18
- Tenga Confianza en el Proceso de Curación   21

PARTE 3: DESVÍOS DEL CAMINO DE VALOR   25

- Retraso o Procrastinación   26
- Denegación   27
- Doliente Ambicioso   29

- Deshonrar el Recuerdo   30
- Entumecimiento 32
- Mal Consejos   32
- Pensamiento Equivocado   34
- Quedarse Ocupado   36
- Complicaciones 36

PARTE 4: RECONOCER Y NAVEGAR CONDICIONES DEL CAMINO—*EL TERRENO*   40

- Lluvia Torrencial—*Tristeza*   45
- Bosque Oscuro—*Perdido* 49
- Punto de Parálisis—*Incapacidad* 53
- Pozo de Barro—*Desprendimiento*   57
- Precipicio—*Desesperación*   59
- Área de Cactus—*Ansiedad*   63
- Huracán—*Sentimientos Chiflados*   65
- *Aislamiento de Ermitaño Cavernal*   69
- Maleza—*Preocupación o Miedo* 71
- Truenos y Relámpagos—*Terror* 73

- Arena Movediza—*Agotamiento* 77
- Bosque Embrujado—*Obsesión* 79
- Temperaturas Congelantes—*Entumecimiento* 83
- Volcán—*Embotellar Sentimientos* 87
- Puente a Ningún Sitio—*Culpabilidad* 89
- Puente Tambaleante—*Incapacidad o Dudarse* 93
- Aferrarse a un Cabestro Suelto—*Permanecer Ligado al Duelo* 97
- Tornado—*Control* 99
- Terremoto—*Conmoción y Trauma* 103
- Ciénaga—*Vergüenza* 107
- Desierto—*Soledad* 111
- Fuego de Bosque—*Enojo* 113
- Montaña Escabrosa—*Echar Culpa* 117
- Campo Minado—*Drama Familiar* 119
- Bayas Amargas—*Amargura* 123
- Compás Estropeado—*Confusión* 127
- Campo de Flores—*Alivio* 131

PARTE V: LO QUE CONTIENE SU MOCHILA 133

PARTE VI: MÁS ADELANTE POR EL CAMINO 147

- ¿Qué le significa Más Adelante por el Camino? 147
- Caminar Como Pato en Dos Caminos Paralelos 152

PARTE VII: EL CAPÍTULO QUE ESCRIBIRÁ 155

APÉNDICE 157

- Parte 1: Bucles de Recuperación Infográfica 157
- Parte 2: Pensamientos Equivocados, o Lista de Verificación para Trastornos Cognitivos 159
- Parte 3: Cómo Utilizar la Técnica de 4-Columnas
- Parte 4: Lo Que Pueden Esperar Sus Queridos 166
- Parte 5: Asertividad—Declaración de Derechos 168

RECURSOS 171

INTRODUCCIÓN

Como terapeuta quien ha tomado viaje de duelo con centenares de dolientes, me pongo a reflexionar en las razones por cuales nuestras sesiones benefician tanto a mis clientes. Primariamente, tiene que ver con nuestras relaciones.

Mis clientes saben que siento mucho su pérdida y entiendo su proceso de sanar. Ellos saben que pueden contar conmigo para ser una presencia constante y cariñosa para la duración del viaje. Ellos saben que yo comprendo el proceso y que puedo guiarles en su viaje de duelo, dándoles técnicas prácticas y sabiduría por el camino.

¿Y cómo se convierten estas relaciones profundamente personales en un libro?

Quiero que sepan que verdaderamente le doy importancia a la tristeza y la pérdida que sienten. El propósito de este libro es hacerles saber que todo sentimiento complejo que experimentan es normal en el proceso de duelo. Si pueden captar esta idea, si pueden reflexionar en su viaje desde un punto de vista "normal," entonces pueden soportar el duelo de la manera más saludable que sea posible.

En este libro, les daré una vista comprensiva de los peligros, retrasos, y los altibajos de su trayecto que les espera. Yo les prestaré unas herramientas o técnicas para ayudarles a sobrevivir el Camino de Valor. Si se ponen a trabajar su duelo y confiar en el proceso natural de sanar, tengo confianza en que verán la luz al final del Camino.

Déjeme ser su guía.

> "María era mi facilitadora para el Grupo de Viudas. En los momentos más oscuros, sola por la noche, me aferré a la promesa de María de que yo sanaría. Contaba con ella para ser mi luz cuando ya no creía que había luz al final del Camino. Todavía es un viaje largo, pero puedo ver la luz y me siento más liviana."
>
> —Julie

CÓMO USAR ESTA GUÍA

Quiero que esta guía sea fácil y entretenida, como los dolientes a menudo tienen dificultad en concentrarse. Por lo tanto, favor de no quedarse atascados o sentirse abrumados si uno de los conceptos no les parece relevante. No resistan; simplemente sigan por su camino. Puede que llegará a ser relevante durante su viaje por el Camino. Tampoco no se queden atascados con la semántica. Por ejemplo, yo tal vez hablaré de emociones y sentimientos de igual manera. Sí hay diferencias, pero no tan significantes para debatirlas en esta etapa de su proceso de duelo.

Hay muchos tipos de pérdidas, como pérdidas de finanzas, de mascotas, de amistades, de confianza, o una pérdida por un fuego de casa; todos por su manera, producen un duelo. Este libro, específicamente enfoca en el duelo que surge de la pérdida de un ser amado.

CUENTO DEL VIAJERO es una compilación de historias de los centenares de clientes con quienes he caminado por el Camino de Valor en sesiones con individuos o con grupos. Sus gránulos de sabiduría son indispensables para otros en el Camino. Muchos de los sentimientos, descripciones y consejos se entrelazan en su relevancia. Se puede escoger una página en cualquier tiempo y encontrarán algo relevante. Por la mayor parte, no he separado los tipos específicos del duelo, como una muerte repentina e inesperada, la pérdida de un hijo, cáncer, o un suicidio. Reconozco que las complejidades del duelo son distintas para cada tipo de pérdida. Sin embargo, hay muchas generalidades que son relevantes, y eso es lo quiero enfatizar aquí. Quiero conectarme con cuántos dolientes que sea posible quienes embarcan en un viaje por el Camino de Valor.

A lo largo de esta guía, hay referencias a "trabajar a través de su duelo." Esto implica usar todas las herramientas dentro de su Mochila al empezar su viaje. Encontrará las herramientas a lo largo de la guía, implantadas en el texto, y marcadas claramente. También aprovéchense del uso del capítulo, ¿Qué Hay en Su Mochila?, cual empieza en página 133. Entre más se utilizan las herramientas que se recogen a lo largo del Camino, más fluido—no necesariamente menos doloroso—será su recorrido.

PRIMERA PARTE: SON LLAMADOS AL CAMINO

- La Complejidad del Duelo
- Descubriendo su Valor
- El Impacto de la Pérdida
- La Transformación del Duelo

 ## LA COMPLEJIDAD DEL DUELO

La pena de corazón, el miedo, la angustia, el dolor, la confusión, el vacío, la culpabilidad, o sentir abrumado son maneras de describir el duelo. Estas emociones le pegan dura y directamente. Le dejan trastornado, y tal vez incapaz de concentrarse en su trabajo o cuidar de otras relaciones. Estas son justo algunas emociones comunes que se consideran normales y esperadas cuando un querido se muere. De hecho, la muerte tal vez no será la única causa o el único ímpetu para estas emociones. A menudo, el diagnóstico o la amenaza de la muerte es suficiente para trastornar sus entrañas. De un minuto al otro, de un día al otro, estas emociones intensas suben y bajan, toman el escenario central, fluyen y refluyen.

La pregunta más frecuente que se me hace es, "¿Cuánto tiempo durará el duelo?" La gente me pregunta con esperanzas de que pueda aliviar un poco de su dolor. Mi respuesta común es que durará más tiempo que usted o alguien cercano a usted quiera que dure.

Lo que se puede esperar, más probable, pero que depende de varios factores, es un largo camino de emociones distintas. De hecho, hay tantos tipos diferentes de duelo como hay individuos. Por ejemplo, una viuda no solamente pierde su esposo, sino también, en muchos casos, su identidad, su seguridad económica, y su mejor amigo. Una persona quien sufre la pérdida de un amigo cercano o un pariente al suicidio tiene otra capa o nivel de complicaciones cuales tratan con los porqués y los y ¿Qué tal si… La pérdida de un niño de cualquier edad—pues casi se pueden encontrar las palabras para describir este tipo de duelo. El viaje del duelo es un proceso. Si quiere acomodarse a su pérdida con el mínimo número de cicatrices que sea posible, tiene que tener el valor de viajar por el Camino. Yo le llamo el Camino de Valor.

Antes de que pueda viajar por el Camino de Valor, tiene que tener un conocimiento del proceso del duelo y lo que significa trabajar el duelo.

Esto puede parecer obvio al principio, pero ellos quienes están en las puertas del duelo profundo entienden que el proceso es mucho más fatigoso, complicado y que toma mucho más tiempo que uno hubiera esperado. Hay tantas facetas y tantos niveles del duelo que surgirán cuales son particulares para usted y a la relación que ha tenido con su querido/a. Además de esto, los eventos cuales actualmente moldean su vida juegan un papel en cómo se expresa su dolor.

> Cuando mi madre murió un mes antes de que naciera mi primer bebé, tuve muy poco tiempo para sentir el duelo. Puse mi duelo en un rincón para ajustarme a las responsabilidades abrumadoras de cuidar de un nuevo bebé con cólica. Al pasar muchos años, cuando murió mi padre, yo estaba sufriendo por un divorcio muy doliente. Fue muy confuso para mí tener que separar el dolor de esas dos pérdidas. No tenía las técnicas para ayudarme con el proceso. No sabía que todavía quedaba "trabajo" para hacer.
>
> Si yo hubiera comprendido lo que era "trabajar el duelo" cuando murió mi madre, (es decir, usar una variedad de herramientas para ayudar a acomodarse a la pérdida) hubiera sido menos difícil cuando murió mi padre. Hubiera estado mejor preparada para acomodarme a la pérdida. Pero esto no quiere decir que lo hubiera extrañado menos.

Más frecuente que no, el proceso de duelo y la curación son el reto más grande y más difícil que enfrentará en su vida. Es importante notar que el duelo y la curación son del mismo proceso, pero la curación sólo puede ocurrir cuando uno termina por completo el proceso del dolor.

Cuando uno sigue adelante, cogiendo, sin rumbo en su proceso del duelo, no sanará completamente.

Muchos han pasado años llorando al oír mencionar el nombre de su querido, preguntándose por qué no han sanado de su duelo. Es porque no han terminado el proceso del dolor por completo.

El dolor puede ser insoportable, y seguir con su vida con algún sentido de claridad y optimismo puede parecer imposible. Pero por afrentar su duelo con valor y el corazón abierto, y con una paciencia resoluta, puede sanar completamente. El Camino de Valor es un sendero desconocido, solitario, y bastante peligroso que pueden seguir para curar un corazón herido, para resolver sus cuestiones y conflictos, y al tiempo oportuno, empezar a crear su nueva vida.

ENCONTRAR SU VALOR

Para viajar por el Camino de Valor, uno debe estar dispuesto a viajar a través de bosques oscuros y espantosos, explorar montañas escabrosas, cruzar valles profundos, y resistir ríos bravos. Darán con escollos y otros obstáculos que impedirán su progreso. Tendrán que superar estas dificultades y seguir adelante.

Este camino requiere valor porque enfrentarán unos sentimientos y emociones muy dolorosos, cuales ocurrirán en arranques repentinos e imprevistos, justo cuando creen que están haciendo buen progreso. A veces esto les puede dejar anonadados, respirando con dificultad, con el corazón latiendo rápido. Pueden perder el sueño, o su comida puede saber a cartón. Podrá sentir como nunca va a poder superar este estado recurrente entre desesperación y desesperanza.

Se exige valor para mirar una foto de su querido, rememorando los más dulces recuerdos. Aunque estos recuerdos quedarán en la memoria por mucho tiempo, la oportunidad para crear nuevos recuerdos jamás volverá. Requiere valor para ir al trabajo para poder pagar las cuentas cuando todo lo que quiere hacer es quedarse sentado mirando la pared. También requiere valor reflexionar en sus sentidos de culpabilidad y decidir si la culpabilidad es justificada. Si se determina que sí es justificada, requiere aún más valor para convertirla en remordimiento y luego perdón.

> Tiene la opción de o caminar o no caminar en esta sendera. Porque el Camino es dificultoso, algunos decidirán que es un viaje demasiado doloroso. Algunos levantarán un muro para apartar esta pérdida y colocarla en una parte de la mente y el corazón. Creerán que la enfrentarán cuando tienen más fuerzas o cuando es más conveniente. Pero el duelo no es conveniente. ¿Cuántas veces saltan las lágrimas mientras esperan en la fila del cajero en el supermercado? Solamente se hace uno más fuerte cuando trabaja el duelo. Si se niega este proceso, le puedo asegurar que el duelo saldrá en otras formas, como en enojo inapropiado o irritabilidad o enfermedad.

Su proceso del duelo y la curación tomará más tiempo que querrá usted y más tiempo que otros querrán también. Permítase el tiempo necesario para trabajar el duelo de una manera saludable. La recompensa valdrá la pena psicológicamente y físicamente.

> Aprender a trabajar el duelo completamente comprobará inestimable para toda la vida.

 ## EL IMPACTO DE UNA PERDIDA

Es un hecho conocido que el duelo debilita su sistema inmune, aún si está trabajando el duelo. A medida que muchas personas comprenden que el proceso del duelo pueda continuar por un período extendido, pocas personas consideran el proceso holísticamente.

La pérdida tiene un impacto profundo y total en el cuerpo y en la mente. Al fin y al cabo, la separación de su querido no solamente es emocional, sino también es físico y permanente. Esto es verdad, especialmente para los que han perdido su pareja, un niño, o un miembro de la familia quien compartía el hogar con ellos. El duelo cambia el cuerpo y la mente por afectar el apetito y el sueño, y puede causar que uno se haga olvidadizo, propenso a accidentes, e irritable. Todo esto profundamente afecta el sistema inmune, la presión de la sangre, y otros procesos fisiológicos. Todos hemos oído hablar de personas que se mueren muy pronto después de que un esposo o una esposa muere, o de alguien quien padece una enfermedad poco después de sufrir una pérdida.

Aunque sea normal sentir vulnerable emocional y físicamente, si uno no tiene buena salud antes de sufrir una pérdida, puede ser propenso a empeorar su condición. Sin embargo, no es raro ver quejas previas entrar en una fase de remisión durante el período inicial del duelo. Esto ocurre porque el duelo ensombrece a todo por un tiempo.

Cada persona en duelo de hecho arriesga su propia salud, a pesar de cuán saludable era antes.

Por ejemplo, Lynne Cox, nadadora de clase mundial, era capaz de resistir temperaturas en Antárctica debido a su salud excepcional. Sin embargo, después de la muerte de ambos de sus padres y su querido perro, se puso muy enferma. Fue diagnosticada con una condición llamada síndrome de corazón roto. Se debe anotar aquí que Lynne fue la cuidadora principal para ambos padres.

Cualquier persona quien ha sido cuidador comprende el efecto profundo del estrés en la salud de uno. Esta condición es completamente reversible, pero demuestra cuán esencial es para una persona que se cuide bien todos los días. Tal vez tenga poca motivación para hacerlo, pero debe saber que le pagará grandes beneficios si lo hace.

> Se debe poner atención particular a dormir suficiente, relajar, mantener buena nutrición y alimentación—especialmente comer verduras todos los días y beber suficiente agua para reemplazar las lágrimas perdidas. Respirar a menudo se hace superficial. Recuerde respirar, tomando respiros más profundos y más largos. Tenga cuidado de no excederse en nada, no abusar de nada, sea chocolate, alcohol u otra cosa. El equilibrio y la moderación son esencial.

LA TRANSFORMACIÓN DEL DUELO

El duelo es un proceso profundamente transformativo que no se puede apurar. Tiene sentido aprender una lección de la naturaleza. Toma tiempo para que una oruga produzca un capullo y un período de una transformación abrumadora para convertirse en una mariposa. ¿Cuál sería el resultado si el capullo fuera abierto a fuerzas antes de que se terminara el proceso? Use esta metáfora del capullo o imagine una carpa formidable como un lugar a donde acudir cuando se siente vulnerable, incomprendido, o si le hace falta paz y tranquilidad. Confíe en sus instintos para saber cuándo necesita ir a su capullo o su carpa. Entre y salga de su capullo o su carpa durante su viaje de duelo entera. Es su espacio seguro donde puede ser auténtico y a gusto con sus sentimientos por tal tiempo que necesite. No deje que nadie le convenza salir antes de que esté listo.

Si tiene suficiente valor para emprender el Camino de Valor, cual significa enfrentar el dolor y trabajar el duelo, entonces pueda eventualmente llegar a un lugar de curación, sabiduría y comprensión cual no hubiera pensado posible.

Pero solamente llegará tomando un paso a la vez. Como la mayor parte de procesos naturales, hay un flujo y reflujo rítmico en este proceso. No es una línea recta desde un punto hasta otro. Necesita reconocer esto y permitirse sentir el impacto de su pérdida, luego permitirse retirarse a su capullo seguro para un descanso. Permitirse una tregua es parte de trabajar el duelo y es esencial para la curación.

PARTE 2: SU MOCHILA

- Bucles de Recuperación
- Los Sentimientos Pasan, Los Sentimientos Cambian
- La Metáfora de la Oleada
- Tenga Confianza en el Proceso de Curación

Mientras camina por el Camino de Valor, le hará falta llevar una Mochila llena de provisiones para hacerles el viaje más tranquilo. En esta sección, les presentaré unos conceptos y técnicas esenciales. Algunas de estas técnicas que tendrá que aprender y otras son de sentido común que se le olvidan a uno cuando está entrando en el duelo. Así que revise el contenido de su Mochila frecuentemente. La Parte 5 explica las técnicas comprensivamente. Dé un vistazo a esa sección ahora.

BUCLES DE RECUPERACIÓN

Los Bucles de Recuperación (Vea Apéndice) es el primer concepto que enseño a mis clientes. Me dicen que es la información más valiosa que les ofrezco.

Porque el duelo es tan doloroso, queremos sanar con rapidez. Queremos llegar al fin del viaje tan fácilmente como posible—una carretera hacia la luz al final del Camino sin chichones, sin baches, sin condiciones tormentosas. Pero ¡Ay! Por lo general, cada tipo de condición de camino o de tiempo aparece en el Camino de Valor. Esta es la realidad del duelo. Cómo lo maneja determinará cuán fácil se hará el Camino.

Es importante recordar que cuando da con una barrera, un desvío, o una condición de camino adversa, eso no debe hacerle dar marcha atrás hasta el inicio del viaje. Puede sentir así, pero considere que ya ha obtenido las destrezas para agregar a su Mochila para avanzarle más por el Camino. Cada vez que practica autocuidado o responde a un comentario insensible con firmeza y cortesía, gana la fuerza necesaria para seguir por el camino. Cuando es atropellado por la desesperación o remordimientos, tendrá algunas estrategias para maniobrarse con suavidad a través

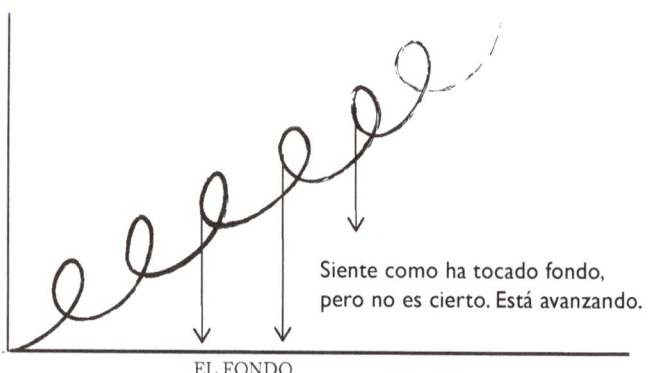

BUCLES DE RECUPERACIÓN

de esas emociones abrumadoras. Recuerde que no va a hundirse en el abismo, *aunque puede sentir así.*

LOS SENTIMIENTOS SE ACABAN Y LOS SENTIMIENTOS SE ALTERAN

Los sentimientos sólo son sentimientos. No son correctos, ni incorrectos. Se acaban, se alteran, y pueden engañar.

Sus fuertes sentimientos podrán sentir válidos y verdaderos en el momento, pero tómese un poco más tiempo y perspectiva, luego pasarán los sentimientos. Por ejemplo, "Esto es demasiado para soportar. Jamás podré recuperar de esta trágica pérdida. Ni siquiera he progresado un poco," puede parecer verdad en algún momento, pero esto es el mayor ejemplo de "Pensamientos Equivocados" o "Pensamientos Distorsionados." (Vean Desvío de Pensamientos Equivocados en el Apéndice.) Pero esos fuertes sentimientos cambiarán, alterarán, y se acabarán.

Esto es importante recordar cuando está resbalando y siente como no ha progresado. Pero confíe en que sí está progresando.

¿Cómo le engañan sus sentimientos? Vea página 59 bajo el terreno de Cliff.

LA METAFORA DE LA OLEADA

Ayuda si puede ver el duelo como una fuerza poderosa de la naturaleza, como oleadas que chocan con usted una y otra vez. Es como aprender a nadar en el océano, se tiene que aprender a dominar la primera oleada para que la segunda no le ahogue. Las oleadas seguirán viniendo hasta que pase la tormenta. A veces las oleadas sentirán más como un tsunami. Hay que aprender a nadar a través de la oleada y pasará como siempre.

Permítame explicar, usando esta analogía: Si nada en el océano, pronto aprende que cuando una oleada se te viene encima, no puede huir hacia la costa o hacerse el bravo y encarar la oleada. La oleada es una fuerza de la naturaleza que tiene que aprender a dominar, a pesar de cuán espantosa sea. Parece como le va a aplastar cuando la ve acercarse. Pero si salta de cabeza por la oleada, pasará. Nuestro instinto es huir, pero no podemos sobrepasar una fuerza de la naturaleza. Así que aprenda a aceptar las oleadas del duelo.

> Aprovéchese de las treguas entre oleadas, respire hondo, pero prepárese para la próxima onda.

Quiero aclarar este concepto. No quiero decir que deben agacharse la cabeza, detener su aliento, seguir hasta que termine. De hecho, se hace lo opuesto. Cuando estos sentimientos poderosos surgen, a pesar de cuán dolorosas son, al fin y al cabo, es más útil abrazarlos en vez de rechazarlos. Acéptelos de buena gana, en vez de alejarlos. Esos sentimientos no son problemas para "resolver" tan pronto como posible. Porque estos sentimientos son normales, permíteles correr su curso natural. Cuando hace esto, saldrás por el otro lado, tal vez no más rápido, pero, por cierto, menos cicatrizado. La clave es permitirse sentir los sentimientos sin dejarse ser consumido por ellos. Seguir los Consejos para Viajeros le ayudará a navegar este viaje dificultoso.

A veces las oleadas vienen cuando no es oportuno y tal vez tenga que posponer aventurarse. A veces hay buena razón para demorar.

> Por ejemplo, si está haciendo una presentación y de repente capta el aroma de la fragancia que usaba su esposa. Esta es una oleada inoportuna de atravesar en ese momento preciso. Tal vez tendrá que tomar un momento para recuperar arreglando papeles, sorbiendo agua, respirando hondo, luego seguir con la presentación. Puede dejar correr las lágrimas cuando llega al auto, cual puede ser un capullo seguro por el momento.
>
> Ejemplo número dos: Está caminando por el corredor del supermercado y ve una caja de galletas gingerbread que su mamá siempre solía tener en casa. Aunque la oleada dolorosa le esté pegando con fuerza, este no es el tiempo para sufrir un colapso total. Este es el tiempo oportuno para utilizar algunos de las herramientas que está conociendo. Respire hondo, asegúrese que todo va

> a salir bien, y fije su atención en el siguiente punto en su lista. Luego, cuando llega a su casa, deje derramar las lágrimas.

En ambos ejemplos, debe hundirse en estos sentimientos fuertes solamente cuando se siente capaz de hacerlo. Esto implica que no debe evitarlos para siempre. Se sienta con ellos, los identifica, y permítelos subir a la superficie, a pesar de cuán dolorosos puedan ser.

Piense en lo que se requiere en hacer algo físicamente difícil—mantener una posición Yoga, cargar una caja pesada desde el sótano, o aflojar un tornillo apretado. Aguante la acción dificultosa hasta que haya cumplido. Es igual con contener una emoción fuerte hasta que pase. Puede hablar con sí mismo y animarse: "Lo puede hacer. Esto pasará. ¡Manténgase fuerte!" Tal vez querrá coger una pluma para anotar los sentimientos que están surgiendo. El Camino de Valor requiere una reflexión profunda y cariñosa—y tiempo para absorber todo.

Cuando le dije a una de mis clientes que debería enfrentar sus fuertes sentimientos en vez de huir de ellos, ella me contestó, "Eso es como decirme que me siente en una estufa caliente y que me quede ahí, y que eventualmente se va a enfriar." Sí, yo admito que parece ser así, y yo sé que suena como una tarea imposible, pero le prometo que es un trabajo necesario. Recuerde, la oleada de dolor pasará. La estufa sí enfriará. Habrá veces cuando tendrá que bajar la temperatura a bajo para darse un desvío temporal de la intensidad del camino. A veces cuando las oleadas son demasiado abrumadoras, es aceptable darse un descanso por distraerse. Hay que encontrar el equilibrio necesario en su vida.

 TENGA CONFIANZA EN EL PROCESO DE CURACIÓN

Si examina los Bucles de Recuperación, podrá ver la trayectoria de curación. Una persona doliente tendrá momentos, horas o días cuando se sentirá bien. Eso es la subida en el diagrama del bucle.

Luego, y usualmente sin aviso, esa persona se asalta por una ola de dolor. Esta oleada de dolor podrá ser tan intensa que se sentirá débil y le doblarán las rodillas. O tal vez sentirá una incredulidad incomprensible o un anhelo tan profundo que aún sobrevivir sentirá muy distante. Esta es la bajada en el diagrama del bucle.

Verá que, si tiene confianza en el proceso de curación, un proceso que ha ocurrido desde el principio de la vida, se dará cuenta que, si enfrenta la oleada y no la reprime, la oleada pasará y eventualmente habrá una subida en el bucle otra vez.

A la medida que se experimentan más subidas en el bucle, es posible reflexionar y ver cuán lejos ha venido. Cuando pega una oleada de dolor, sea por sentimientos fuertes o circunstancias en la vida, tal vez sentirá como no ha progresado. Tal vez sentirá como ha tocado fondo, pero no es cierto. Está adquiriendo destrezas, fuerzas, tiempo, y perspectivas cuales le avanzan en su Camino de Valor.

> ## CONSEJOS AL VIAJERO
>
> Le recomiendo fuertemente que mantenga un cuaderno diario del dolor. Le ayudará a explorar sus sentimientos fuertes. Luego, después podrá reflexionar en lo que ha escrito, y le dará una perspectiva a lo largo de su viaje. Trate de escribir lo más frecuente que sea posible, aunque sea solamente unas pocas frases.
>
> Escriba tanto durante las bajadas como en las subidas en el bucle. Cuando las subidas en el bucle ocurren, escriba lo que está sintiendo y apunte las nuevas percepciones que esté experimentando.
>
> Ponga atención a los sentimientos cuales son más positivos que negativos. Busque a algo que pueda agradecer. Sea consciente de cualquier belleza que pueda reconocer—una puesta del sol, o un colibrí, tal vez. Saboree esta experiencia de la subida por poco más tiempo, y déjese apreciarla profundamente. Si puede enfocar en este tipo de ejercicio, entonces está reprogramando su cerebro hacia lo positivo, ayudándole construir sus recursos internos, cual le ayudarán por el Camino. Investigaciones del cerebro han confirmado que po-

demos cambiar cómo pensamos, cual afecta cómo nos sentimos. Esto significa que cuando está en una bajada en el bucle, puede consultar su cuaderno diario para recordarle que no ha tocado fondo, y que de verdad ha progresado.

PARTE 3: DESVÍOS DEL CAMINO DE VALOR

- Retraso o Procrastinación
- Denegación
- Doliente Ambicioso
- Deshonrar el Recuerdo
- Entumecimiento
- Mal Consejos
- Pensamiento Equivocado
- Quedarse Ocupado
- Complicaciones

En esta sección, yo describiré los desvíos que los dolientes empiezan a seguir. Algunos de estos desvíos son normales, otros son destructivos, otros se atribuyen a tipos de personalidad o a las circunstancias cuales actualmente afectan su vida. Cualquiera sea la razón, si pone atención a las señales que está en un desvío, podrá eventualmente encontrar el Camino de Valor de nuevo.

DESVÍO DE RETRASO O PROCRASTINACIÓN

Habrá tiempos cuando será necesario retrasar trabajar el dolor. Cuando circunstancias en la vida dejan atrás el dolor y no tiene más remedio que tratar con esas circunstancias primero, luego hacer lo que se debe hacer. Aquí hay unos ejemplos: Es un contador en el medio de la temporada de preparar impuestos. Demasiada gente cuenta con usted, incluso su familia, para poner comida en la mesa. Cuando termina la temporada de impuestos, haga su trabajo de dolor. O tal vez acaba de recibir una diagnosis cual amenaza la vida. Cuídese a sí mismo primero, luego haga su trabajo de dolor.

Hay otras ocasiones cuando retrasar algo es innecesario. La procrastinación y la evitación, aunque sean comunes, puedan impedir su progreso hacia la curación. Aunque estar en este mundo pueda sentir surreal, de hecho, es la realidad. Tal vez no querrá abrir su correo o pagar sus cuentas, pero si no lo hace, le causará más dolor en el futuro.

> Es importante permitirse fluctuar entre vivir en la realidad—eso es, pagar las cuentas, comer una comida saludable, cuidar de los niños, dar de comer a las mascotas, etc.—y retirarse a su capullo o a su carpa segura, tal vez para explorar sus emociones y pensamientos sobre su pérdida.

Ambos son necesarios para progresar en su viaje. Tal vez no se sienta suficiente fuerte para enfrentar el dolor. Sin embargo, solamente se hará más fuerte por medio de trabajar el duelo y utilizar las herramientas en su Mochila. Piense en cargar una roca pesada consigo en el Camino. Mientras la carga, sus músculos se hacen más fuertes.

Retrasar o procrastinar es más bien una decisión concienzuda, mientras el próximo sendero, Denegación, está fuera de su control. A veces los dos senderos parecen similares.

DESVÍO DE DENEGACIÓN

La denegación puede servir un propósito constructivo. Es una manera de cuidar de sí mismo inconscientemente. Le permite su cuerpo y su mente alcanzar la realidad. Algunas personas deciden tomar el viaje del dolor un paso a la vez, porque lo encuentran abrumador o aterrador fijar su mirada en el Camino delante. Sin embargo, tal decisión les dejará tal vez mal preparados para los peligros o trampas que les espera más adelante. Otras personas saben exactamente lo que les espera, aunque sea doloroso enfrentarlo.

Uno de mis clientes antiguos sabiamente dijo, "El duelo es demasiado grande para tragar por entero. Tiene que tomar bocados pequeños." Afortunadamente, la inteligencia innata del cuerpo nos permite hacerlo naturalmente. Por eso, algunos dolientes pueden soportar el duelo durante los primeros pocos meses. Este es el período cuando los dolientes tal vez escuchen comentarios ridículos como, "Está haciendo tan bien. Es tan fuerte." Cuando le digo a la gente que el dolor tal vez se empeorará en unos meses, me miran incrédulos y con enojo. "¿Cómo podrá sentirse peor?" Pero la verdad es que la mayoría de personas instintivamente quedan entumecidos hasta tal grado inmediatamente después de una pérdida por una muerte. No se dará cuenta de esto hasta que hasta que se pone a reflexionar en el pasado. Cuando empieza a disipar el entumecimiento, luego podrá sentir la permanencia y la complejidad de una pérdida.

> Aun las palabras "murió" o "muerte" sienten muy severas, demasiado permanentes. Es la razón porque mucha gente prefiere eufemismos como "pérdida" y "pasó a otro mundo." Yo, también, uso algunas de estas palabras más suaves en este libro por esa razón.

Algunos dolientes prefieren permanecer en la negación para siempre. No están haciendo su trabajo de duelo. Eso es evasión. Eventualmente se pondrá al día con ellos de alguna forma u otra.

DESVÍO DE DOLIENTE AMBICIOSO

Muchos de mis clientes quienes tienden a ser uno de los Tipo A—los perfeccionistas o los que hacen listas--- tratan de convencerse de que pueden tomar una vía corta en el proceso. Llegan a nuestra sesión con un cuaderno de apuntes en la mano, pidiendo los pasos para sacarlos de su dolor. Quieren ser el alumno con nota de "A" en la clase de cómo ser buen doliente. O tal vez cuando estén impuestos a vivir la vida con una lista de metas para marcar cuando las alcanzan, quieren poner una marca en "Proceso del Duelo Cumplido. Al fin."

No hay vía corta. Tomará el tiempo que tome.

Respeto el trabajo que hizo Elizabeth Kubler-Ross por poner echar luz a la muerte y el proceso de morir. Sin embargo, nunca intentó que esas etapas del dolor se interpretaran como las hemos interpretado. Las etapas son para los que mueren, no para los dolientes. Hay fases que los dolientes experimentan que son similares, pero no todos tienen que pasar por estas fases. Y por seguro, no están en cualquier orden lineal.

> **CUENTO DE UN VIAJERO**
>
> "Cuando murió mi querido, el dolor fue insoportable, y los días parecían no tener fin. Yo buscaba el "curso acelerado" del duelo. Siempre había funcionado para mí en el pasado. Es decir que cuando seguía las normas, las cosas salían bien. Cuando asistí a la universidad y me apliqué, todo salía bien. Pero esta lógica no se puede aplicar al proceso del duelo, y eso me hace sentir frustrado, y a veces, enojado. Pero por seguir adelante con paciencia, trabajando el duelo, enfrentando el dolor en vez de ignorándolo, he llegado a un lugar más tranquilo. En vez de constantemente estar pensando, '¿Qué me va a pasar a mí y qué hay en mi futuro?' me di cuenta que ya estaba viviendo mi futuro. Ya llegué a mi nueva vida, tanto si me guste o no me guste. Puedo sentir satisfacción en vez de miedo."

DESVÍO DE DESHONRAR EL RECUERDO

Hay una creencia que seguir por su camino en la vida deshonraría el recuerdo de la persona que ha muerto. Esta creencia parece ser verdad para las personas que han perdido un hijo o hija (de cualquier edad) y para los que sienten culpabilidad, tanto si es culpabilidad legítima o distorsionada. Los que han perdido una pareja puedan tener dificultad en formar una nueva relación.

La curación significa cosas distintas a personas distintas. Para algunos tal vez signifique que algún día podrán hablar de su querido o querida sin ponerse a llorar. Para otros, pueda significar que el dolor en su corazón algún día será soportable.

Algunas personas se convertirán en víctimas o mártires para sus queridos, vistiendo ropa negra o manteniendo relicarios con recuerdos en la sala de estar para siempre. Sin embargo, cuando viaja por el Camino, le garantizo que el paso del tiempo cambiará lo que creyó posible.

El paso del tiempo cambiará su comprensión de lo que significa la curación. Las creencias acerca del honor y la lealtad que hemos guardado toda la vida afecta como expresamos nuestro dolor. La primera vez que ríe después de que ha muerto su querido tal vez sentirá como lo está deshonrando. Pero la realidad es que reírse es normal. Por abrirse el corazón a la vida, honrarán a sus queridos.

Todos mueren, pero no todos viven una vida llena. Viva una vida llena por hacer el trabajo duro de doler.

> ### CAJA DE CONSEJOS
> Tal vez ayude hacer una distinción entre alegría y gozar. Alegría, esa condición cual sugiere gran deleite o estado de júbilo, pueda tomar meses o tal vez años, para regresar. Pero busque los momentos de Gozar la vida. Cuando encuentre uno de estos momentos, saboréelo.

DESVÍO HACIA EL ENTUMECIMIENTO

Es comprensible que querrá entumecer sus sentimientos dolorosos. Debemos admitirlo—nuestra cultura como una entidad no acepta bien el dolor—no el dolor emocional ni el dolor físico. No obstante, yo le aseguro que este tipo de dolor no se puede ocultar sin tener consecuencias más adelante en el Camino. Hay varios métodos de entumecerse, incluso el alcohol, drogas, el Internet, videojuegos, ir de compras, ejercicio, comida—cualquier cosa con que pueda excederse para eludir sentir las emociones.

Sufrir una pérdida es doloroso. Trabajar por el duelo es doloroso. Pero si hace el trabajo duro, cual significa enfrentarse al dolor con adecuadas herramientas y respaldo, luego saldrá por el otro lado de la manera más saludable que sea posible. ¿De veras quiere posponer lo que le alcanzará de una forma u otra más adelante por el Camino? Sentir el duelo es un proceso natural de la vida. Además, es más grande que usted. Es seguro que no lo puede controlar tanto como no se puede controlar una fuerza de la naturaleza.

DESVÍO DE MALOS CONSEJOS

Hacerles caso a malos consejos le pueda desviar de la senda correcta. "Hágase fuerte," "Ya no llore," "Hay que seguir con la vida," "Supérelo," o "Su querido querrá que se haga fuerte para este tiempo" todos son formas ridículas de consejo. Su dolor debe ser expresado de una forma saludable para ayudarle a llegar a un lugar donde podrá sanar y quedar con esperanzas.

Las lágrimas son una válvula de escape natural. Hay maneras distintas de expresar el dolor, cuales se presentarán más tarde. La curación más poderosa viene cuando un doliente puede expresarse con confianza a otra persona los diferentes aspectos y complejidades cuales están experimentando. Para prestar ayuda, el escuchante debe poder escuchar sin juzgar o tratar de arreglar a la otra persona. Estas emociones deben ser expresadas y compartidas con una persona quien compadece sincera y cariñosamente.

Esa es la razón porque acudir a un grupo de respaldo es importante. No sólo estará con gente que comprende, pero ellos también podrán ver su dolor, aceptarlo, y validarlo. Con un bebé, los padres reflejan el amor por medio de imitar los arrullos del bebé. Un niño se hace fuerte emocionalmente cuando los padres le dicen, "¡Buen trabajo!" ¿Cuál niño quiere hacer un salto de trampolín si nadie está mirándolo y dándole elogios? Cuando un niño se raspa la rodilla, un buen padre está listo para confortarlo. Aún cuando alguien pone un mensaje en Facebook, se espera un "Me gusta," cual representa que alguien aprecia la importancia del mensaje.

Así que cuando un doliente encuentra comentarios indiferentes o cuando su dolor no se recibe de una manera que da consuelo, la curación podrá ser demorada. Busque validación y comprensión apropiadas para el Camino difícil de su viaje. Busque un buen consejero de duelo o un grupo de respaldo (aún tener un consejero "en línea" es mejor que nada). Cuando amamos al nivel uno en una escala, dolemos al nivel uno. Cuando amamos al nivel cinco, dolemos al nivel cinco, y cuando amamos al nivel diez, dolemos al nivel diez. El duelo es una parte de la experiencia humana, especialmente cuando amamos.

San Agustín escribió: "Las lágrimas…corrieron, y las dejé fluir tan libremente como pudieron, haciendo de ellas una almohada para mi corazón. En ellas descansó mi corazón."

DESVÍO DE PENSAMIENTOS EQUIVOCADOS

Todos tenemos formas de pensar de maneras distorsionadas o equivocadas. Cuando sentimos especialmente emocionados y vulnerables, como cuando estamos en duelo, luego las distorsiones son aún más evidentes. Pueda sentir que sus pensamientos sean válidos en tal tiempo, pero bajo el estrés emocional profundo, uno no piensa con claridad. A menudo, los hechos y la realidad son mal representados y borrosos. Semejante al verse en un espejo de carnaval, su cuerpo es distorsionado a un ser chaparro y rotundo o un ser elongado. Ve una representación de sí mismo que no es completamente correcta.

Sentimientos de auto culpabilidad, vergüenza, o de no

tener propósito en la vida son ejemplos de pensamientos torcidos y frecuentemente son una parte normal del proceso del duelo. Buscamos respuestas, comprensión, razones, y clausura. Así funciona nuestro cerebro. Es normal actuar así por algún tiempo. Sin embargo, en algún punto en su Camino, será prudente desafiar sus pensamientos torcidos.

Decir que nada importa o que ya no le concierne nada son sentimientos que he oído muchas veces. No obstante, por mis experiencias sé que sí le importará algo eventualmente. Algo o alguien le importará algún día. De hecho, usted mismo tal vez empezará a importar a sí mismo.

La auto culpabilidad es otro desvío cual llama frecuentemente. Al principio, se volverá loco con pensamientos como "debería haber hecho algo diferente," o "Fracasé." Esta parte del proceso es normal y difícil para evitar. Pero debe empezar a considerar la posibilidad de que sus pensamientos sean distorsionados. Siembre esas semillas. Luego trabaje con un terapeuta o lea un libro que le enseñará como desafiar esos pensamientos distorsionados, y tras un período, permitirle soltarlos.

CAJA DE CONSEJOS
No deje que los pensamientos torcidos le desvíen muy lejos del Camino de Valor. Aprenda a desafiar estos pensamientos. Vea el Apéndice – Pensamientos Equivocados.

DESVÍO DE ESTAR DEMASIADO ACTIVO

Mantenerse ocupado pueda aliviar el dolor, pero no la eliminará. No puede dejarlo atrás. Con el tiempo, tendrá que enfrentarlo. Busque el equilibrio correcto entre acción y contemplación. Quedarse en sus pensamientos puede ser agotador o alarmante, pero necesario.

Más tarde, identificaré muchos de los diferentes tipos de sentimientos asociados con el duelo. Es importante "sentarse con" y experimentar estos sentimientos distintos. Con la práctica, se le hará más fácil. Con el tiempo, adaptará y se acomodará a su pérdida de su querido.

DESVÍO DE COMPLICACIONES

El duelo es mucho más complicado de lo que esperamos. Los muchos aspectos y capas del duelo que se presentan con el tiempo son agotadores y abrumadores. Muchas personas tal vez no saben dónde empezar para aclarar todo, así que se dan por vencidas antes de intentar cualquier esfuerzo para curar el duelo.

El viaje de cada persona es distinto por razones distintas. A veces depende de la relación que usted tuvo con el difunto. Tal vez fue una relación cercana y amistosa. O tal vez fue contencioso y conflictivo, y se ha quedado con asuntos no terminados. La idea de que familias se hacen más unidas tras la pérdida de un querido muchas veces no coincide con la realidad. A menudo, la familia se estalla por la codicia y malentendidos, y se presentan resentimientos del pasado. Muchas veces los familiares pueden respaldar uno al otro. Pero a veces, unos individuos son demasiado vulnerables con su propio duelo para atender a las necesidades de otras personas.

Muchos otros asuntos podrán presentarse cuando alguien muere, cual hacen la vida complicada. Estos asuntos puedan ser relacionados a su duelo o puedan ser asuntos de la vida que no tengan ninguna relación con el duelo. A veces los problemas se resuelven sin que usted tenga que forcejear con ellos. En varias ocasiones, mis clientes presentarán un asunto especial cual domina nuestra sesión y que parece no tener resolución. Durante la próxima sesión, mis clientes a menudo me miran perplejos y dicen algo como "¡Oh, eso! Ya está resuelto. Ahora es otra cosa." Siempre me quedo pasmada a ver como los problemas se resuelven cuando el trabajo del duelo se hace simultáneamente.

Otra complicación ocurre cuando experimenta más que una pérdida dentro de un periodo breve. En tales circunstancias, puede ser difícil para el doliente saber para quien sentir el duelo primero. Se pone confuso. La buena noticia es que cuando decide tomar una capa, un aspecto, un problema a la vez, su trabajo de duelo es posible.

CONSEJO DE VIAJERO

Es fácil tomar desvíos. Le llaman, y a veces le sirven por un tiempo—como la negación, cual le protege y suaviza el golpe de la realidad por un periodo. Pero es necesario reconocer que está en un desvío si va a retornar al Camino de Valor.

RELATO DE VIAJERO

"Después de que murió mi mamá, mis amigos fueron muy confortantes por unos meses. Pero, luego empezaron a preguntarme, ¿'Se siente mejor?' como si yo tuviera la gripe o algo así. Creen que porque mi mamá era mayor de edad y había vivido una larga vida, que ya no debería estar doliendo. Pero yo creo que tengo todo derecho a doler. Hay que tener paciencia con mis amigos. Tienen buenas intenciones, pero no tienen ni la menor idea."

PARTE 4: RECONOCER Y NAVEGAR CONDICIONES DEL CAMINO— *EL TERRENO*

- Lluvia Torrencial—*Tristeza*
- Bosque Oscuro—*Perdido*
- Punto de Parálisis—*Incapacidad*
- Pozo de Barro—*Desprendimiento*
- Precipicio—*Desesperación*
- Área de Cactus—*Ansiedad*
- Huracán—*Sentimientos Chiflados*
- Maleza—*Preocupación o Miedo*
- Truenos y Relámpagos—*Terror*
- Arena Movediza—*Agotamiento*
- Bosque Embrujado—*Obsesión*
- Temperaturas Glaciales—*Entumecimiento*

- Volcán—*Embotellar Sentimientos*
- Puente a Ningún Sitio—*Culpabilidad*
- Puente Tambaleante—*Incapacidad o Dudarse*
- Aferrarse a un Cabestro Suelto—*Permanecer Ligado al Duelo*
- Tornado—*Control*
- Terremoto—*Conmoción y Trauma*
- Ciénaga—*Vergüenza*
- Desierto—*Soledad*
- Fuego de Bosque—*Enojo*
- Montaña Escabrosa—*Echar Culpa*
- Campo Minado—*Drama Familiar*
- Bayas Amargas—*Amargura*
- Compás Estropeado—*Confusión*
- Campo de Flores—*Alivio*

El duelo tiene muchos aspectos, como un prisma. El enojo, la culpabilidad, la tristeza, y el miedo, por ejemplo, puedan surgir a cualquier tiempo, y sin aviso. Durante el periodo del duelo y la curación, el prisma de duelo continuará girando para revelar sus diferentes aspectos. Luchará con un aspecto por un tiempo, luego se sentirá como de veras está atascado.

Pero aquí hay algo con que puede contar—la cosa con que está luchando cambiará. Siempre lo hace. Donde está en el proceso hoy no es donde estará en una semana, en un mes, ni en un año. Los cambios no siempre sentirán mejor o peor. Sólo va a sentir diferente.

En esta sección, Yo identificaré los sentimientos y pensamientos comunes cuales surgen constantemente durante el proceso del duelo. Busque estas cosas en común en letra cursiva al comienzo de cada nuevo terreno. También agregaré circunstancias comunes de la vida cual retrasarán su progreso en el Camino de Valor. *Mientras que identifique las circunstancias cual le convienen, verá que otros viajeros han tenido un viaje similar y que han sobrevivido.* Aunque el duelo puede ser un viaje solitario, entre más puede hacer conexiones con otras personas y reconocer su experiencia en las experiencias de otros, más ligera será su carga.

Definiré los aspectos comunes del duelo, uno por uno, sin algún orden particular. Para mantener la metáfora del

Camino, estos aspectos representan un territorio en el mapa del duelo. Recuerde que no tiene que experimentar todos los aspectos. Algunos aspectos puedan surgir más tarde, cuando menos se espera. Sin embargo, cuando siente uno de estos pensamientos o sentimientos fuertes o una de las oleadas de duelo, hay que lanzarse de cabeza y atravesarla.

Recuerde, hay que abrazarla, mirarla por todos lados, contemplarla, asimilarla, escribir acerca de ella, llamar a un amigo o consejero quien le permitirá acercarse y no menospreciar o tratar de borrar lo que está sintiendo. Mientras salta de cabeza por cada oleada, está mejorando sus destrezas, permitiendo que ocurra la curación. Tenga confianza en el proceso de curación. Estas oleadas pasarán con el tiempo.

El Camino parece oscuro y espantoso, pero tras cada terreno, le daré herramientas para colocar en su Mochila. Es preciso utilizar estas herramientas y los **CONSEJOS DE VIAJEROS**. Simplemente leer éstos no facilitará su viaje. También debe tomar una acción. Algunas herramientas son delicadas, como recordar a respirar hondo. Algunas le exigen coger una pluma y escribir algo. Las herramientas parecerán repetitivas, pero es necesario y tienen motivos. Tal vez lo encontrará útil revisar esta sección en los meses adelante mientras el terreno en su Camino cambia.

De manera que monte su todoterreno o coja su bastón y botas de excursión, póngase su mochila llena de sus herramientas esenciales (Vea Parte V para la lista completa), y comencemos este viaje juntos.

LA LLUVIA TORRENCIAL
LA TRISTEZA

El término tristeza ni empieza a describir la profundidad del dolor que siento. Mi mundo es sin color, plano, vacío. Mi corazón está anonadado y duele.

Siempre he oído que los Esquimos tienen cien o más palabras distintas para describir la nieve (ahora oigo que esto es falso), así que nuestro lenguaje ha de tener más palabras para describir cómo siente el duelo. "Corazón quebrantado" y "destrozado" son términos que tratan de expresar la enormidad de su duelo, pero cualquier término que use, es un sentimiento dominante y doloroso cual inunda su mundo entero por un tiempo como una lluvia torrencial.

El duelo embarca todo el terreno de aflicción. Es lo que impide al doliente a ver la luz al final del Camino. El duelo es oscuro y sombrío, así que debe sumergirse con valor y apoyo en el duelo. Su querido merece tener un periodo de luto. La pena del doliente es una entidad y una parte natural del amor. Es una fuerza de la naturaleza de cual no puede escapar o dejar atrás. Pero también es importante buscar lugares de respiro de la aflicción constante.

> Haga planes para hacer algo que pueda anticipar con alegría. Salga de su "isla", aunque sea para viajar a la ciudad vecina para un día entero. Esto sirve para darle nuevas vistas, aún pequeñas que sean, y tal vez, nuevas perspectivas.

A veces le ayuda relacionarse con el dolor del mundo actual. ¿Cómo lo hacen los padres en países devastados por guerra o aún en este país seguir con la vida cuando se ha matado toda la familia? Yo no tengo la respuesta. Pero tal vez pueda reflexionar en su duelo y en la idea que el duelo ha existido desde la creación del mundo. ¿Los hombres cavernarios prendieron fuegos por la noche, miraron las estrellas, y lloraron a miembro de la familia? Seguro que sí.

CUENTO DE VIAJERO

"Necesitaba escapar los recordatorios constantes de mi pérdida. No se podía llamar una vacación, por supuesto. Viajé a un lugar donde abundaba la naturaleza. Llovía todos los días, cual yo creía iba a ser deprimente, resultó calmar mi temperamento, cual fue terapéutico. Si hubiera sido demasiado soleado, no hubiera sentido bien. Justo como cuando los amigos son demasiado alegres, aunque bienintencionados, puede ser ofensivo. Con el tiempo, empecé a dejar entrar más sol en mi vida diaria."

Para los que están en los primeros pasos del viaje del duelo, el poema que sigue expresa profundamente la realidad de una pérdida. El esposo de la autora murió de repente en el tiempo cuando los dos empezaron a disfrutar juntos su vida en la jubilación.

Esta excliente hizo el trabajo de duelo en varios modos. Siguió trabajando con su grupo triatlón, se unió a una clase de yoga, tomó clases de escritura en el colegio comunitario local, viajó sola a una granja en Italia, donde ayudó con la cosecha de olivas por una semana, y eventualmente se jubiló del trabajo. Susana se integró a un grupo de respaldo de viudas y después a un grupo de respaldo de poesía. Todas estas actividades le ayudaron a avanzar en su viaje de duelo.

EL DUELO

Toca todo.
Está en
Mis huevos revueltos,
En comprar un cuarto de leche en vez de un galón,
En cargar y descargar el lavaplatos
En Sacar el basurero,
En alimentar el gato que siempre le busca.
Está bajo mi almohada,
En su cafetera,
En mi ropa que ya no me queda bien,
En la cara en el espejo que me mira.
Soy un charco de un ser miserable,
Me presento con un dolor que está justo bajo la superficie
De mi cutis,
Lista para salir de mis ojos y gritar de mi boca cerrada.
El duelo está en su lado de la cama donde están
Su almohada para abrazar, y unos libros acerca de duelo
Y de oraciones para tratar de hacerle sentir sólido en mi corazón destrozado.
Tengo momentos de paz y un sentido profundo de su amor,
Pero,
El duelo tiene dientes, costras, y garras y un aliento ardiente
Solo esperando ser desencadenado.
El duelo me roba el cerebro,
El duelo me hace estúpida,
Tentándome a sentirme segura, luego pega con una venganza.
Yo sé que debo aprender a vivir con esta bestia.

Por Susan Cochran, usado con permiso

EL BOSQUE OSCURO
PERDIDA

Me siento perdida. Todo lo que sentía familiar ahora se siente extraño. Se siente surreal. Mi mundo ha cambiado; está trastornado. No hay señales.

Me siento como un barco sin timón en busca de un puerto seguro. ¿Dónde encajo ahora? ¿Cuál es mi papel que debo jugar?

Es normal sentirse desorientado en el mundo de tiempo y espacio al principio después de la pérdida de un querido. Siente como todo el mundo sigue con su vida, pero usted no está listo para seguir adelante. Aunque siente muy profundo y quiere dejar el dolor atrás, su cerebro todavía no alcanza el corazón. No es capaz todavía de comprender la pérdida, y sólo quiere que todo el mundo le espere hasta que ha recuperado bastante. Con el tiempo, tal vez podrá sentir tierra firme otra vez, hasta la próxima vez cuando una oleada del duelo le pega y le tumba. Recuerde, así es como funciona. El duelo es un altibajo.

En cuanto a descubrir su nuevo rol o propósito, no tenga prisa por ello. Toma mucho tiempo para descubrir quién es ahora, cuáles son sus opciones, y cómo será su nueva vida.

Especialmente para ellos que han perdido un significante "otro," he oído que "el primer año parece ser acerca de la muerte, y el segundo año el enfoque se cambia a mí." Ahora tiene tiempo para descubrir quién es sin su amado.

No se quede pensando en el primer año, ni en el segundo. Esto va a ser un proceso cual se desdobla con el tiempo, mientras tenga los ojos abiertos a nuevas posibilidades.

RELATO DE VIAJERO

"Mi esposo murió hace dos años. Ya se me está acercando la segunda Navidad sin él. Aunque la primera Navidad fue borrosa, mantuve las mismas tradiciones por el bien de mis hijos, quienes están en la universidad, y para conmemorar la manera de cómo le encantaba a mi esposo celebrar los días festivos. Pero este año, tengo que hacer algo diferente por mi bien. Vamos a salir de la ciudad. El primer año tras su muerte, yo estaba luchando con lo que debía ser mi nuevo propósito en mi vida. Bromeaba, '¡No sé que quiero ser cuando crezca!' Ahora, todavía no lo he averiguado, pero ahora estoy más tranquila con no haberlo averiguado."

> **CONSEJO DE VIAJERO**
> Permite que su nueva vida desenvuelva sin empujar o sin apenarse. Nunca se sabe qué le traerá la vida—de lo bueno o lo malo. Permanezca abierto. ¡Yo sé—esto suena como una galleta de la suerte!

> **CONSEJO DE VIAJERO**
> Trate de abarcar la totalidad en aceptar todas sus emociones. No las niegue. Si puede disfrutar una parte de su día sin sentirse culpable, perdido, o apenado, entonces abrácelo, porque muy pronto, las otras emociones colorearán su día color gris. Acepte toda emoción que le venga.

Rumi, el sabio poeta persiano del Siglo XIII, lo dijo mejor:

> Este ser humano es una casa de huéspedes.
> Cada mañana es una llegada.
> Una alegría, una depresión, un enojo,
> una conciencia momentánea viene
> como un huésped inesperado.
>
> ¡Reciba y entretenga a todos!
> Aunque sean una multitud de tristezas,
> Quienes barran su casa violentamente
> Vaciándola de sus muebles,
> Trate todavía a cada huésped con respeto.
> Podrá estar limpiándole
> Para recibir una nueva alegría.
>
> El pensamiento oscuro, la vergüenza, la malicia,
> Recíbales en la puerta riéndose,
> e invíteles a pasar.
>
> Agradezca todo lo que venga,
> porque cada cosa ha sido enviada
> como guía del más allá.

PUNTO DE PARALISIS
LA INCAPACIDAD

No puedo manejar las cosas más insignificantes en mi vida. Necesito ayuda con todo, y estoy muy avergonzada para pedir ayuda. Siento como un bebé, y quiero ser un bebé y que alguien cuide de mí. ¿Puede alguien sacar la basura por mí, porque aún eso parece demasiado? ¡A veces no sé lo que debo hacer, ni lo que ya he hecho! Mi cerebro se siente como gachas.

Sea gentil en sus pensamientos sobre sí mismo.

Después de todo, está en territorio desconocido, y el Punto de Parálisis le ha colocado en este punto del Camino de Valor hasta que pueda hacer algo para cambiar su situación. Ha sufrido un golpe a su cuerpo y su espíritu. El anhelo de ser consolado y de ser cuidado es una consecuencia natural de este golpe. Si tiene un grupo de respaldo o aún un amigo quien le ofrece cuidar de algunas cosas por usted, acepte esta ayuda y agradézcala.

Si no está impuesto a recibir ayuda, entonces este es el tiempo para empezar a acostumbrarse. La mayoría de la gente quiere ayudar a otra gente cuando les hace falta ayuda. Les hace sentir bien. Está bien decir algo como, "No tengo la energía para ir a recoger unos vegetales. ¿Le importaría ir al mercado por mí para traerme unas?"

> Es importante acumular tanta fuerza como posible de la ayuda de otra gente en los días tempranos del duelo porque después de un tiempo, dejan de llegar la ayuda y las cacerolas. Si no tiene un sistema de apoyo, entonces enfoque en los elementos esenciales. Eso significa alimentar su cuerpo suficiente para tener la fuerza para hacer lo que necesita hacer. Acaso necesite llamar la iglesia para pedir si hay alguien que le pueda traer comida.

A este punto, está en la parte más baja del bucle. La mayor parte de la gente naturalmente empezará a moverse hacia arriba en algún tiempo. Cuando esto ocurre, debe aprovechar el movimiento ascendente y cuidar de algunas responsabilidades. Es cruel tener que cuidar de negocios, por ejemplo, llamar para el certificado de muerte, justo cuando quiere expresar su duelo.

Muchas responsabilidades no esperan. Algunas sí pueden esperar, así que trate de priorizar. Si está involucrado con la herencia, entonces pregunte a un abogado lo que se debe hacer inmediatamente, y cuáles tareas pueden esperar. Sin duda, el movimiento en el bucle volverá hacia abajo otra vez, y no querrá salir de su silla reclinable. Cuando esto ocurra, debe saber que esto es normal, y siga esforzándose para salir de su zona cómoda para pedir ayuda. Sea específico. Todas esas ofertas de "Por favor, déjeme saber lo que puedo hacer para ayudarle" pueden y deben ser probados. Cuando usted tome alguna acción, cualquier acción, la parálisis se reducirá, y podrá mover de nuevo por el Camino de Valor.

Es asombroso descubrir que los amigos a menudo empiezan a cambiar durante el período del duelo. Aquellos en los que creía que podía contar empiezan a desaparecer, y otros de que no esperaba nada se convierten en ángeles en su vida.

A veces sus amigos íntimos lo encuentran demasiado difícil observar su dolor, y como se sienten incapaces de ayudar, desaparecen quietamente. Otros saben cómo estar cerca en tiempos de necesidad—sin decir mucho, pero haciendo lo que se hace falta hacer para apoyarle. Después de experimentar el período del duelo, sabrá cómo estar presente para otros que necesitan apoyo.

CONSEJO DE VIAJERO

Aprenda a pedir ayuda, o al menos aprenda a aceptar ayuda que se le ofrece. Este no es el tiempo para fingirse fuerte. Eso requiere demasiada energía cuando sus reservas están vacías.

> **CONSEJO DE VIAJERO**
>
> Sea consciente de cualquier conocimiento o fuerza que ocurra durante el movimiento ascendente del bucle. Estos sucederán naturalmente, y la mayoría de los dolientes ni se dan cuenta que estos cambios ocurren. Trate de ser más consciente. Disfrute de los ascensos. Pero recuerde que la curación no es una línea recta hacia arriba. También tenga en cuenta que un descenso le espera. Ser consciente significa que no se sentirá tan atacados o tumbados cuando ocurre un descenso.

POZO LODOSO
DE SEPARACION

Todo parece irreal, como si estuviera ocurriendo a otra persona. El mundo siente surreal. Vivo cada hora, cada día mecánica y robóticamente, a veces a cámara lenta, como mover en lodo. Me siento pesada.

El tiempo está distorsionado. Siente como si la pérdida acaba de ocurrir hace meses, y a la vez, siente como si apenas ocurrió ayer. Todo es incomprensible. Los días sienten intolerablemente largos. ¿Cómo aguantaré hasta la próxima temporada? Espero que mi querido ha de pasar por la puerta a cualquier momento. La cabeza, el corazón, y el cuerpo no sienten conectados.

Este sentido de no realidad se le ocurre a todo el mundo. ¿No es asombroso que la vida continúa, que la gente sigue yendo al mercado, o que los dolientes aún pueden levantarse de la cama en la mañana? El paso del tiempo es un fenómeno extraño, pero es parte del proceso de curación, cual ocurrirá con o sin su comprensión. Tenga confianza en el proceso natural de curación. Sea consciente de las fuerzas y conocimientos pequeños que adquiere durante los movimientos ascendentes. Cada movimiento hacia arriba es un testimonio de su habilidad para sanar.

A veces podrá sentir como no podría sobrevivir hasta la próxima temporada, pero luego llega la temporada y ha sobrevivido, aunque sea con dolor. Logras hacerlo. Recuerde que los sentimientos no son ni correctos ni malos. Cambian, pasan, y hasta le mienten. Lentamente, se encontrará saliendo del pozo lodoso, y el paso del tiempo se hará más normal.

CUENTO DE VIAJERO

"Cuando murió mi querido, no supe cómo ser auténtica con mis hijos adultos. No quería ser un cargo pesado para ellos. Así que cuando llamaban cada noche, les decía que estaba bien. Esto fue una gran mentira, y eventualmente, mi hijo me descubrió. Me dijo que mi falta de honestidad me estaba afectando. Luego le confesé que, aunque no me encontraba bien, estaba recibiendo ayuda de un grupo de respaldo y leyendo libros acerca del duelo. Se sintió aliviado al enterarse de que él no era mi única forma de apoyo.

PRECIPICIO DE DESESPERACIÓN

Me siento desesperanzada. No creo que el mundo volverá a ser normal. No puedo ver una luz al final de este camino, solamente oscuridad. Parece ser insoportable, y la vida siente inútil. Me siento apática a la vida. No soy suicida. No tomaría mi vida, pero una parte de mí anhela estar con mi amado.

> ¡PELIGRO! Hay una distinción entre no querer vivir y realmente ser suicida. SI DE VERAS SIENTE COMO SE QUIERE MATAR, ENTONCES LLAME LA LINEA DIRECTA DE SUICIDIO. ¡AHORA MISMO!
>
> Si se siente suicida, es que sus sentimientos le están mintiendo (vea abajo). Los sobrevivientes del suicidio—es decir, los que han sido afectados por alguien quien ha tomado su propia vida—tienen que emprender uno de los más dolorosos viajes que hay. Hay una

capa nueva de complejidad cuando alguien trata con las consecuencias del suicidio.

Recuerde la herramienta esencial que colocó en su Mochila—Los sentimientos pasan, cambian, y pueden mentirle.

¿Cómo pueden mentir los sentimientos? Con el duelo, empieza a creer las ideas negativas que se dice a sí mismo: "Nunca voy a superar esto," "Mi vida no tiene sentido," "El dolor es demasiado. No podré soportarlo." Estos pensamientos y sentimientos parecen ser verdaderos. Pero déjeme contarle realidad: muchos de los centenares de dolientes a quienes he acompañado en su Camino han sentido completamente desesperados, y eventualmente fueron capaces de sanar.

Se dieron cuenta de que sus sentimientos eran mentiras, que sus sentimientos habían cambiado, o que su situación había cambiado. Reconocieron que sus sentimientos les estaban mintiendo, o que su situación había cambiado. Algo cambió que los sacó de su desesperación y los puso en una situación tolerable, en el Camino hacia la esperanza. Como he mencionado previamente, la curación es distinto para cada individuo.

Los que están desesperados y angustiados deben permitirse más tiempo, porque con el tiempo y el apoyo, los sentimientos cambiarán. No se deje creer que su situación es única. No es la única persona quien ha sufrido esta clase de desesperanza. La Muerte sucede bajo circunstancias trágicas, dejando atrás escombros en las secuelas.

Tenga fe en la verdad que perdura: la gente sana y permite que el amor entre en su corazón. No es necesario ver muy lejos en el futuro en este momento. Permanezca en el presente hasta que pase la desesperación.

Recuerde que los sentimientos parecen ser verdaderos en ese momento, pero los sentimientos pasan, cambian, y pueden mentir.

A veces, parece como es demasiado pensar en vivir "un día a la vez." A veces, apenas puede aguantar un minuto a la vez. Pero si puede conectar estos minutos, se convierten en horas, días, y semanas. Entonces empieza a seguir adelante. Puede parecer imposible, pero sí es posible. Eventualmente, se encontrará alejándose más y más del precipicio.

> **CONSEJO DE VIAJERO**
> Trate de abrir su corazón a otros, aún en medio de su dolor. Vaya a un sitio con una vista, física o metafóricamente, y recuerde que allá en ese mundo tan grande, sí que hay sufrimiento y tristeza, pero también hay hermosura y compasión. Haga posible que sienta más profundo su amor por su familia, los amigos, la comunidad, el país, la humanidad, y hasta los animales. Encuentre algo para agradecer.

> **CAJA DE CONSEJOS**
>
> Encuentre algo para agradecer y téngalo firme. Inúndase en ello. Permítase que sienta como el calor del sol en su cara en un día frío del invierno.

ÁREA DE CACTUS
ANSIEDAD

Estoy llena de angustia. Soy irritable y exhausta. Quiero salir de mi piel. No puedo tomar decisiones. Me siento temerosa, pero no puedo identificar la causa. Tengo miedo de todo en mi vida nueva. Me asusto fácilmente. Soy hipersensible y cohibida. Siento como tengo un letrero de neón intermitente sobre la cabeza anunciando a todo el mundo de lo que ha sucedido en mi vida.

Síntomas de ansiedad pueden ser normales para dolientes cuyas vidas han cambiado dramáticamente tras la pérdida de un querido. Aunque pueda ser normal, también puede ser paralizante y debilitante, y consecuentemente, es preciso tratar la ansiedad si persisten los síntomas. Sin embargo, tenga cautela del tratamiento. Muchas personas buscan alivio en medicamentos como Xanax. Este tipo de medicamento (benzodiacepina) pueda ser adictivo, y con el tiempo, pueda tener un efecto de estallar en la cara de uno, cual perpetua la situación cual trataba de resolver. El uso de benzodiacepinas se ha convertido en un problema mayor en nuestra cultura, y el sobreuso pueda conducir a la muerte. Favor de considerar tratamientos alternativas, como, por ejemplo, la homeopatía, visualización, hipnoterapia, técnicas de respirar y relajar, acupuntura, terapia creaneal-sacral, meditación, y oración para aliviar le ansiedad.

Por mi experiencia, los dolientes sin problemas de ansiedad preexistentes puedan encontrar estos síntomas transitorios, como lo son otros síntomas del duelo. Como los aspectos que aparecen, disminuyen, luego reaparecen, la ansiedad puede ser así para usted. Le ayudaría utilizar esos tratamientos alternativos antes mencionados. Debe averiguar cuales funcionan para usted y dedicarse a tratarse con esas prácticas. Esos tratamientos funcionan sólo con la práctica consciente y diligente. Y con la práctica, mucha gente encuentra un sentido de alivio.

No se enganche en las espinas de ansiedad. El terreno de cacto es una imagen profunda de un lugar donde no quiere alojarse. Obtenga el alivio ahora mismo para pasar por el terreno de cacto y regresar al Camino de Valor.

CONSEJO DE VIAJERO

Debe desafiar la veracidad de sus pensamientos ansiosos. Además, le haría bien hacer ejercicio, aunque sea sólo pasearse por la vecindad. Algún ejercicio es mejor que ninguno. Favor de ver el Apéndice Pensamientos Equivocados. Pero, si, por otra parte, tiene un diagnóstico preexistente y/o no está manejando sus síntomas con terapias alternativas, debe consultar a su médico.

HURACÁN
SENTIMIENTOS CHIFLADOS

Me siento como me estoy volviendo loca, y estoy totalmente exhausta. No puedo recordar la cosa más sencilla, de un momento al otro. Pierdo mis llaves diariamente. Este comportamiento es tan raro para mí, me siento como si estoy perdiendo la mente.

Mucha gente me dice que teme que se está volviendo loca. ¿Por qué sería eso? Yo creo que es porque hay tantos sentimientos intensos y desconocidos que se están sintiendo a la vez cuales afectan todo lo que hace. Si estas emociones fueran sentidas clara y lentamente, una a la vez, tal vez serían manejables.

Pero en vez de esto, pegan como un huracán, y los vientos son imparables. Los sentimientos se confunden con pensamientos, recuerdos, y temores, todos cuales contribuyen a la locura. Cuando todo esto se suma a todas las responsabilidades, los gastos y las decisiones de su vida diaria, no le debe sorprender que se siente abrumada y que dude de su cordura a veces. Tenga en cuenta que su situación pueda ser descabellada, pero usted no lo es. Además, un ciento por ciento de mis clientes se sienten exhaustos--emocional o físicamente--y frecuentemente ambos a la vez. Esto es muy normal cuando está doliendo.

Imagine que está caminando por el Camino de Valor y por accidente se topa con una colmena. ¿Puede visualizar esta colmena? Se posa directamente frente a su cara y le acompaña durante la mayor parte de su viaje. El enjambre de abejas representa las distintas emociones complicadas que está sintiendo. Nadie puede ver el enjambre, sino usted. Esto seguramente o le volvería loca o la dejaría exhausta.

CONSEJO DEL VIAJERO

"Es normal para el duelo." Normalizar lo que ocurre durante su duelo es esencial para la curación. En otras circunstancias, no se consideraría normal por sentir como se está enloqueciendo o por sentirse totalmente exhausta o sentir amarga o angustiada o cualquier otra cosa. Pero ciertamente es normal y aceptable mientras está en su duelo. Que sea esto su mantra, y dígalo a menudo: "Es normal para el duelo."

Aquí hay unos ejemplos: "Siente como una locura cuando no puedo recoger mis pensamientos y no puedo recordar el nombre de una colega del trabajo en el servicio conmemorativo, pero me dicen que es normal para el duelo." "Realmente le quiero gritar a la amable dependiente por ser tan simpática. No soy así. Siento como estoy perdiendo la mente. Pero quizá es normal para el duelo."
Así que, porque es normal, dese un respiro. No sea tan dura con sí misma. Dicho esto, no deje que sea esto un pretexto conveniente para mal comportamiento.

AISLAMIENTO DE ERMITAÑO CAVERNAL

Me siento como debo alejarme completamente de la gente, como nadie comprende lo profundo de mi dolor ni sabe cómo ayudar. No quiero seguir fingiendo como estoy bien, así que simplemente no contesto el teléfono. La gente me molesta y trata de imponer lo que cree es lo mejor para mí. Aun cuando la gente es tan amable como de incluirme en sus planes, no puedo estar segura que tendré la energía, así que acabo en evitarle. También veo que la gente me esquiva.

Si usted cree que nadie comprende su pérdida, así que nadie podría darle consuelo, rechazando a todos sus amigos. Pueda ser verdad que no quiere mucha estimulación social. Probablemente se siente vulnerable y sensible. El duelo y la pérdida son temas incómodos, y muchos amigos simplemente no saben cómo apoyarle en su pérdida, y pueda ser que ya dejen de hablar el uno con el otro.

Pero hacerse ermitaño no es una manera saludable de portarse. Trate de hallar un equilibrio. Aléjese de la cueva por reclamar sus propios límites de lo que puede y no puede soportar durante este periodo difícil. Sea cortés y firme a la vez. Si nunca ha aprendido la destreza del asertividad, ahora tiene la oportunidad para aprender y practicar. Le da sentido de potencia poder expresar firme y cortésmente precisamente cuáles son sus necesidades. Asertividad no significa agresión ni pasividad.

CUENTO DEL VIAJERO

"Con dudas, me uní a un grupo de respaldo, y por varias semanas, creía que nadie comprendía mi situación particular. El facilitador observaba que yo sólo miraba al suelo, y no a los otros socios de grupo. Cuando levantaba la vista, veía que siempre cuando me expresaba, asentían con la cabeza. Relacionaban con lo que decía, y por fin sentía validada."

Tal vez sería el tiempo oportuno para empezar o unirse a un grupo de respaldo. Descubrirá que su situación tal vez no sea tan particular. Aun si haya diferencias, podrá hallar cosas en común entre los miembros del grupo, cual le ayudará salir de su cueva ermitaña.

CONSEJO DEL VIAJERO

Halle un equilibrio entre el aislamiento y la sobre estimulación. Hay que aprender la habilidad de asertividad.

MALEZA
PREOCUPACIÓN O MIEDO

Me apeno por todo día y noche. Revivo la muerte, las cosas que yo o mi querido dijo o no dijo. Me preocupo por dinero, el futuro, los próximos días festivos, de no poder concentrarme en el trabajo.
¿Cómo puedo con todo esto? Me preocupo de cómo estar con otra gente. Estoy harta de fingir una sonrisa y simular como se ha acabado mi duelo. Estoy harta de que otros traten de contentarme. Me preocupo por el pasado, el presente y el futuro.

La preocupación está a un lado del espectro del duelo; el miedo y el terror están al otro lado. Sus pensamientos preocupantes probablemente cambiarán diariamente o semanalmente. La mayoría de las cosas de que nos preocupamos nunca suceden, y preocupándose por ellas no hará que ocurran. Frecuentemente, las cosas que nos preocupan se resuelven solas. Ponga esto a prueba por apuntar sus preocupaciones. Luego, revíselas una vez por semana para ver si algunas se han resuelto. Apuntar las preocupaciones es una buena técnica porque estos pensamientos saltan dentro de su cabeza. Inconscientemente, siempre está buscando una solución. Apuntando sus pensamientos preocupantes permite su cerebro descansar, sabiendo que puede mirar la lista y seguir preocupándose y buscando una solución cuando quiera. Haga esto por la noche, particularmente.

Dormir suficiente es esencial en proceso de sanar. Deje que descanse su mente. Si despierta a medianoche con preocupaciones o miedos, luego coja su libreta de apuntes y escriba. El proceso de escribir es una técnica importante para sanar. Luego, apague la luz y siéntase seguro que mirará los apuntes por la mañana. Con este método, podrá evitar la maleza y mantenerse en un sendero claro. El problema y la solución le esperarán.

> ### CONSEJO DEL VIAJERO
>
> Escribir las preocupaciones, en vez de pensar en ellas obsesivamente, interrumpe los hábitos del cerebro. Si los pensamientos son demasiado obsesivos, EMDR (Vea Parte V: ¿Qué Hay En Su Mochila?) puede ser un salvavidas. Además, Vea la sección "Técnicas Cognitivas." Trate de no "Viajar al Futuro." Yo sé que es más fácil dicho que hecho, pero no podemos controlar o adivinar el futuro. Trate de quedarse presente en el momento. Prepare para algo que pueda anticipar en el futuro cercano.

TRUENOS Y RELÁMPAGOS
TERROR

Estoy esperando que caiga el otro zapato. Si otra persona amada muere, no creo que podré soportarlo. Surgen nuevas batallas, y sigo siendo agarrada por sorpresa. No me siento protegida. Murió mi querido, y me da miedo acostarme en la noche. Temo una cama vacía. Me dan miedo las pesadillas recurrentes. Hasta siento horror ir al mercado por miedo de toparme con alguien que conozco.

Cuando su mundo actual está teñido con todos estos síntomas de duelo, luego son comunes los sentidos de temor y miedo. Cuando empieza a sanar y participar en más actividades y aceptar a más gente en su vida otra vez, luego empieza a disipar el miedo.

Para mí, cuando el número de clientes dolientes aumentaban y sus tragedias me consumían, era dificultoso mantener separados mi trabajo y mi vida personal. Tenía miedo de que algo trágico le iba a pasar a alguno de mis queridos. No podía quitarme ese presentimiento. Sin embargo, cuando se me aliviaba el trabajo, también se aliviaba el miedo.

Si está temiendo algo, entonces tal vez debe evitarlo. Este es el desvío en el Camino cual mencioné anteriormente y que pueda crear más problemas y miedo si queda en este lugar mucho tiempo. No puede quedarse dentro de su carpa para siempre esperando que terminen los truenos y los relámpagos. Aunque sea espantoso el tiempo, debe salir con cautela. Si le da miedo salir al mercado por si acaso encuentre a alguien quien no sepa de su pérdida, entonces será posible no ir del todo. Como resultado, no tendrá disponible comida saludable, cual significa que no obtendrá los nutrientes necesarios para hacer buenas decisiones, haciendo su lista de penas más larga, etc.

Entre más procrastina, más difícil se ponen las cosas.

Considere los pros y los contras del día. Si le da miedo abrir el correo y evita hacerlo, tal vez perderá leer una tarjeta de pésame cual le hubiera dado las palabras de consuelo que necesitaba ese día. Empiece con abrir una o dos piezas del correo si encuentra la pila demasiado miedosa. Si teme acostarse por miedo de soñar pesadillas o porque la cama siente vacía, luego no conciliará el sueño cual es esencial para sanar. La evitación en realidad aumenta el miedo. Cuando enfrenta el miedo, con el tiempo se hará desensibilizado. Hay que practicar hacer lo que no quiere hacer. Luego retírese a su carpa o su capullo y déjese sentir el gozo de su éxito.

Siga caminando por el Camino de Valor. Un agradable lugar de descanso floral le permitirá una medida de consuelo. Aprenda a crear para sí un lugar de descanso. Haga una lista de cosas que le alimentarán o le darán un respiro durante este tiempo trabajoso. Muchos dolientes encuentran la paz en la naturaleza. Tal vez con un baño caliente con música relajante. Distráigase de su situación actual con una película infantil o una comedia. Empiece un proyecto con algo de ejercicio físico. Cuando tiene su lista pegada en el refrigerador o en otro lugar fácil para ver, luego tal vez la utilizará cuando está en lo bajo del bucle. En lo bajo del bucle, casi es imposible recordar lo que le alimenta. Pero cuando revisa su lista, puede tomar una acción.

> **CONSEJO DEL VIAJERO**
>
> Confíe en el proceso de la curación. Debe saber que los presentimientos de miedo disiparán. Acostúmbrese a hacer lo que ha estado evitando. Solamente practíquelo. Si no lo puede hacer, déjelo. Luego, en unos días, inténtelo otra vez.

ARENA MOVEDIZA
AGOTAMIENTO

Hay demasiado para soportar. Cosas que están más allá de mi habilidad de comprender y aceptar. Aun las tareas más pequeñas sienten como demasiado para hacer. Quiero huirme. Quiero ser rescatada. Quiero mi vida como era antes. Siente como no hay descanso; ya no cabe más en mi cubeta de dolor. Me siento como si estoy ahogando.

La mejor manera de manejar el sentido de estar abrumado es cuidar de sí mismo. Esto suena demasiado sencillo, pero considere las consecuencias de no cuidarse. Su sistema no podrá curarse, y usted no podrá funcionar a un nivel más alto para tomar las decisiones que debe tomar. Así que esto implica que consiga suficiente sueño, alimentarse bien (comida de terapia tal vez sea necesaria, pero no en exceso), y mantenerse hidratado para compensar por la pérdida de lágrimas que ha derramado.

Todo esto para que su cerebro funcione bien. Si su cerebro no funciona debidamente, no podrá pensar con claridad en el próximo paso, mucho menos en las decisiones más grandes que le esperan.

Además, simplificar su lista de quehaceres o decisiones en pasos realísticos y manejables le ayudará a controlar el sentido de estar abrumado. Aprenda a pedir ayuda de maneras específicas. A toda esa gente que le ha dicho que le llame si necesita ayuda, llámela. Póngala a la prueba. Descubrirá que la mayor parte de sus amigos sinceramente quieren ayudar, pero no saben cómo. Si les da una tarea, aunque sólo sea sacar la basura hasta el borde de la calle, tal vez sentirán privilegiados a ayudarle. Esto detendrá el sentido que se está hundiendo más y más en la arena movediza con solamente la cabeza visible.

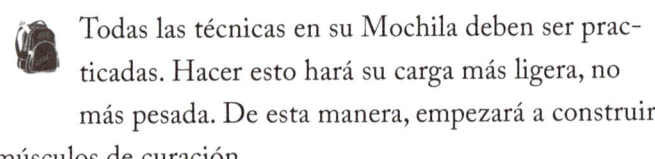 Todas las técnicas en su Mochila deben ser practicadas. Hacer esto hará su carga más ligera, no más pesada. De esta manera, empezará a construir músculos de curación.

Así que cuando se siente abrumado, puede sentarse a apuntar las tres cosas más importantes en que está pensando y lograr cumplir una. Tal vez necesite pedir ayuda para empezar. Luego, beba mucha agua y aliméntese con una comida nutritiva para que funcione su cerebro. Luego—y esto es crítico para reprogramar su cerebro— reflexionar en sus éxitos. Reflexione en lo que ha logrado, y no en lo que no ha logrado. Para unas personas, levantarse de la cama es una victoria. Estos éxitos que parecen pequeños podrán ganar impulso.

BOSQUE EMBRUJADO
OBSESIÓN

No puedo quitar estos pensamientos o imágenes de la mente. Cuando la gente me habla, no se da cuenta que no le doy mi atención completa, porque siempre estoy absorta con mi pérdida.

La muerte y los aspectos relacionados con el duelo siempre están en la mente. El duelo parece siempre estar presente. Me pregunto, "Si hubiera…" y "Por si acaso…" Recorro en la mente unas escenas una y otra vez.

Ojalá pudiera dar marcha atrás al tiempo hasta el momento cual cambió mi vida para siempre.

Aunque esta preocupación es normal para muchos dolientes, también es agotadora y le hace sentir enloquecido a veces. A veces es lo que uno debe experimentar para procesar los eventos. La mente busca finalización. Buscamos respuestas y soluciones. Tiene sentido hacer algo en vez de reprimir estos pensamientos. Es casi imposible superar los pensamientos e imágenes persistentes. Si se dice, "Pase lo que pase, no pensaré en el monstruo verde," ¿en qué pensará? El monstruo verde, por supuesto.

Hablar y pensar en los eventos y las imágenes sólo le puede llevar tan lejos. Cuando alguien ha experimentado la Trauma con letra mayúscula, o aun con letra minúscula, cual llega a sus entrañas, o más específicamente, llega a su amígdala.

No creo que solamente la terapia de hablar lleva mucho beneficio cuando se trata de experiencias con el trauma. La mejor manera es de procesar el trauma en tantas formas posibles, utilizando ambos lados del cerebro para ayudarle en integrar su pérdida y su duelo. Escriba acerca de los eventos en un diario, y siga escribiendo. Haga proyectos de arte como un collage con piezas de revistas. Es sorprendentemente eficaz en suavizar las imágenes inquietantes.

Recomiendo fuertemente ir a consultar a un terapeuta quien especializa en Desensibilización y Reprocesamiento por Movimientos Oculares, o EMDR por sus siglas en inglés, especialmente si la culpabilidad o las imágenes de la muerte son tan intrusas que consumen cada momento de su vida.

He tenido gran éxito con esta forma de tratamiento para tratar imágenes inquietantes como escenas de suicidio. Aun si no haya presenciado la tragedia, la imaginación trabaja horas extras en llenar los blancos, y a veces de una manera más molesta que la verdad. Algunas personas no experimentan la muerte serena de un querido, aun cuando el querido es rodeado por el amor de toda la familia. Esto puede resultar traumático también. EMDR le permite procesar y sentir algún alivio sin ser tomado cautivo por las imágenes traumáticas repetidas. Casi todos los clientes se sienten más en paz después de experimentar el EMDR. Yo le llamo mi varita mágica.

Tanto como esta reprocesamiento es una parte necesaria para la curación, también es prudente distraerse y separarse de ello por un rato. Es aceptable sentar y mirar por la ventana, jugar solitario, etc. Es aceptable permitir que su cerebro tome un descanso. No se castigue por ser no productivo.

Es preciso tomar descansos para atravesar estos bosques.

> ### CONSEJO DEL VIAJERO
> Trate de usar ambos lados de su cerebro para procesar pensamientos e imágenes recurrentes. Esto permite la preocupación integrarse y luego disipar. Investigue EMDR.

> **CONSEJO DEL VIAJERO**
>
> El Plan Buffet para la curación. Esto significa que va a probar un poco de esto y un poco de eso.

TEMPERATURAS CONGELANTES
ENTUMECIMIENTO

No puedo sentir nada. No conozco lo que siento porque estoy paralizada. Me levanto y funciono en autopiloto. El mundo me parece plano y sin color. Lo acepto porque si empiezo a sentir, será demasiado doloroso. No puedo conectar con mis sentimientos. ¿Quiere decir eso que no me importaba?

Recuerde qué, al principio, su cuerpo experimenta un tipo de entumecimiento. Es semejante a una anestesia natural. Muchos clientes han comentado que tan bizarros se portaron en el servicio conmemorativo de sus queridos. Al reflexionar en su comportamiento, actuaron como huéspedes, asegurando que todo el mundo estaba cómodo, y portándose con conducta "normal." Ahora se dan cuenta de que solamente estaban entumecidos, actuando de una manera robótica.

Este efecto incongruente seguramente pueda parecer bizarro—sonreír cuando uno debe llorar, o cuidar de su negocio cuando se espera que debiera estar acostado con la cabeza tapada con las cobijas. No tener "el aspecto apropiado de tristeza" pueda ser confuso para otros, inspirando comentarios como qué tan fuerte es uno. Frecuentemente, no es fortitud, sino entumecimiento.

A este punto, algunos dolientes tal vez no podrán llorar lágrimas, y esto tal vez les parecerá bizarro. Podrá ser su cuerpo protegiéndole hasta que pueda aguantar el dolor. En otro escenario, tal vez ha sido inundado en lágrimas y preocupado con pensamientos obsesivos. Ahora se siente entumecido. Su cuerpo le podrá estar dándole un descanso. Deje que pase el tiempo, y las lágrimas llegarán cuando menos las espera.

Por otro lado, quedarse entumecido por mucho tiem-

po tampoco es saludable. Encuentre un lugar seguro (su capullo o su carpa) o la persona quien le permite el espacio y el tiempo para expresar su dolor sin límites ni juzgamiento. Por comprometerse a esta técnica, verá que el congelamiento empezará a derretirse y el calor empezará a volver a su cuerpo. Tome un momento e imagine qué tan reconfortante sentiría.

El arte expresivo es a menudo eficaz en ayudar a ajustar las emociones y permitir que el duelo salga naturalmente. No tenga miedo de tener sentimientos poderosos e intensos de dolor. En cualquier forma que le lleguen los sentimientos, de hecho, honran a ambos su querido y la fuerza de su amor por el que ha fallecido. ¿No cree que usted y su querido merecen este tiempo de luto? Lo puede aguantar. Suprimir esos sentimientos y pensamientos le puedan enfermar; soltarlos permitirá que regrese el amor a su Corazón.

CONSEJO DEL VIAJERO

El entumecimiento pueda ser una manera que su cuerpo le protege. Permite que pase el tiempo. Pero también hay maneras de arreglárselas para permitir que salgan los sentimientos.

> **CAJA DE CONSEJOS**
>
> Alimente su cerebro para que funcione bien. Use el Plan Buffet para la curación. Practique el Agradecimiento. Sea consciente y agradezca hasta sus logros más pequeños.

VOLCÁN
EMBOTELLAR SENTIMIENTOS

Tengo ganas de llorar, pero las lágrimas no vienen. Me da miedo que, si empiezo a llorar, nunca dejaré de llorar. Quiero reventar, pero no me lo permito. Ahora digo más palabrotas que antes.

El duelo le puede hacer sentir como va a estallar. A veces lo hará y tendrá que hacerlo. Permítase hablar, repetirse, llorar y lamentar. Busque un lugar seguro para esto. Permitirse aun estos pequeños escapes reduce la amenaza de que el volcán entre en erupción. Si no llora o habla con alguien acerca de su pérdida, los sentimientos saldrán en maneras menos controladas y más dañosas: Podrás gritarle a una persona que esté caminando demasiado despacio; o decirles cosas a sus familiares que más tarde arrepentirás; o regañar a un amigo bienintencionado. También podrá lastimarse por accidente en la mesa de café por ser descuidado después de estar entumecido.

Suprimir el dolor y las lágrimas también le puede enfermar. Las lágrimas tienen hormonas de estrés, y llorar es la manera cual usa la naturaleza para eliminarlas para proteger su salud. Algunas personas lloran mejor con un amigo confiado y bondadoso. Otros necesitan llorar en la soledad de su hogar o su auto. Haga lo que necesite hacer, pero trate de encontrar una manera de aliviarse de una manera saludable.

CUENTO DEL VIAJERO

"Espero el día cuando pueda venir a recibir consejería de duelo y encontrar a alguien quien me comprenda y que me permita librarme de todo lo que se ha acumulado dentro de mí. Mis conocidos me esquivan, mis amigos quieren que me mejore, y familiares tienen su propio duelo de que preocuparse. A veces voy en camino a la consejería y no creo que tenga nada que decir, luego, sabiendo que estoy en un lugar seguro para expresarme, todo empieza a salir. Todos los días encuentro plumas cuales estoy segura de que fueron enviadas por mi hijo. La gente piensa que yo estoy loca, pero es un consuelo para mí, y no tengo dudas de donde procedieron."

CONSEJO DEL VIAJERO

Busque a un amigo confiado o a un consejero quien le pueda dar el tiempo para dejar que sus sentimientos de duelo se formen. No siempre ocurre "a pedido." Reflexionar en sus propios pensamientos y haciendo caso a consejos prudentes le puede llevar a un nivel distinto en comprender su propio duelo.

PUENTE A NINGÚN SITIO
CULPABILIDAD

Pudiera haber hecho algo diferente para cambiar el resultado de lo que ocurrió. No hice suficiente. Debería haber dado más apoyo; debería haber comprendido más o expresarme más. Pudiera haber tenido más cuidado. Debería haber estado ahí en sus últimos respiros. No fui el/la ideal esposo(a) /amigo(a) /hijo(a). Tengo el síndrome de culpabilidad del superviviente. Tengo sentimientos de culpa por reir.

Casi todo el mundo se siente culpable por algo que hizo o no hizo o algo que hubieran hecho diferente. Esto parece ser parte del proceso. Sin embargo, este hábito de castigarse no es muy productivo, y a lo mejor es debilitante.

De veras está atravesando un puente en camino a la tierra de nadie. Si es una persona quien tiene el hábito de echarse la culpa, póngase a cambiar este comportamiento por examinar la verdad. Si es tu hábito echarse la culpa, entonces tiene que darse cuenta que se ha convertido en su hábito, y que posiblemente no tiene validez. Si de verdad cree que existe algo por cual necesita perdonarse o recompensar, luego haga lo más posible. Si la culpa cual siente tan fuertemente no tiene validez, luego practique liberarse de ella.

La mayor parte de la gente, con el tiempo y con una nueva perspectiva, convierte su culpa en remordimiento, y luego en auto perdón, antes de liberarse de ella totalmente. Todos hubiéramos querido predecir el futuro y haber hecho algo diferente, pero no tenemos globos de cristal para ver el futuro. Así que practique la amabilidad y el perdonarse.

La culpa puede ser el obstáculo más grande a la curación que cualquier otra cosa. Puede ser por no darle suficientes trozos de hielo en el lecho de la muerte o por la negligencia cual conduce a la muerte de un hijo. La culpa es un enorme punto delicado, pero se puede resolver si se dedica a hacerlo.

Tome la decisión de no castigarse para siempre.

Al nivel más básico, se preguntará, "¿De qué me sirve a mí o a otros guardar dentro de mí esta culpa?" o "¿El castigarme hará que regrese mi querido?" ¿Querría mi amado que siguiera con el castigarme, o me perdonaría? ¿La culpa es válida, o se trata de unos pensamientos que están distorsionados? Si es válida, ¿Qué tan larga es la sentencia? ¿Cuánto tiempo debo servir en mi propia prisión? Hay que trabajar con un terapeuta para confesar, enfrentar, y desafiar lo que probablemente son pensamientos distorsionados. Sí es posible. He presenciado la paz que viene con auténticamente procesar la culpa.

> Cuando he tenido la oportunidad de trabajar con alguien quien está cuidando de alguien que padece de una enfermedad terminal, le he dicho, "Cuando un querido muere, sentirá culpable por algo, aun si ha sido el cuidador ideal, así que vamos a resolver esto ahorita. ¿De qué se sentirá culpable? Esto es como un pre-mortem en vez de un post mortem.

Le ayuda pensar en lo que está haciendo actualmente y tal vez darse cuenta de que está haciendo lo más que sabe hacer dado las circunstancias.

CONSEJO DEL VIAJERO

Tenga confianza en el proceso de curación y trate de creer que, si hace su trabajo de duelo, la culpa se convertirá en remordimiento, luego en el perdón, y eventualmente disipará completamente con el tiempo y con un cambio de perspectiva. No gaste tanta energía vagueando por el puente que conduce a la tierra de nadie. Guarde su energía para otras, más importantes acciones.

Imagínese flotando por un río lento, y suave. Puede sentir la luz del sol. Luego dan con una roca. Se llama "Roca de Culpa." Tiene la opción de aferrarse a ella, tocarla, o mirarla y dejarla pasar.

PUENTE TAMBALEANTE
INCAPACIDAD O DUDARSE

No puedo soportar nada ahora. Dudo de mí misma y de mis responsabilidades. Ya no tengo confianza, y no puedo confiar en mi capacidad de tomar decisiones o llevar a cabo planes. No puedo comprometerme a nada. Nadie comprende esto, y menos yo. Debo estar más lejos en mi viaje de duelo.

Muchos dolientes tienen dificultad en hacer y llevar a cabo planes porque no pueden contar con tener las fuerzas cuando llegar el tiempo. Como el duelo es tan agotador, muchas personas gastan toda su energía por la mañana, luego son incapaces de llevar a cabo sus planes más tarde. Sentirán presionadas a cumplir sus planes, no queriendo parecer irresponsables. La mejor manera de tratar con esto es hacer lo menos en cuanto a planes como posible y reconocer de antemano el derecho a retirarse o salir temprano. Siempre hay que tener un Plan B.

Por ejemplo, si sale a un evento, una fiesta o una reunión, asegúrese de manejar su propio auto. Así puede salir cuando quiere (sin que sepa nadie) y no sentir como está molestando a nadie. Entre más prepara a sus amigos y a su familia para la posibilidad de que tenga que cambiar de planes, más comprenderán qué tan exhausto es sentir el duelo.

Muchos de los que se dudan a sí mismos son de los que eran completamente competentes, fijados en metas, y hacedores de listas antes del duelo. Para estas personas, el puente sentirá aún más tambaleante e inestable. Se tratarán muy duros a sí mismos. Querrán arreglar todo y se impondrán obligaciones, diciendo, "Debo…" y "Debería…". No se haga su peor enemigo por presionarse. No hay horario ni fórmula para reconstruir su vida. Éste es un viaje personal. No hay reglas, excepto de tratarse bien y hacer el trabajo. Permítase el tiempo que tome, y de a poquito va a recuperar su confianza y su eficiencia. Un puente bien construido como el puente Golden Gate mueve con el viento. Esto se llama resilencia.

Muchas personas tratan de reinventarse durante el primer año porque se sienten incómodas "guardando su duelo." Tal vez sentirán como guardar el duelo es revolcarse en ello. Nosotros quienes estamos acostumbrados a cumplir metas tal vez nos sentiremos no productivos. No obstante, si se reinventa a fuerzas o trata de encontrar significado demasiado pronto o sin hacer su trabajo de duelo, no le servirá de nada. No caiga en la tentación de cubrir su dolor bajo el pretexto de ayudar a otros o hallar significado.

Durante el primer año (al menos), un doliente tiene tanto para procesar con respecto a su pérdida. El procesar significa hacer el trabajo de duelo, utilizando el sinfín de técnicas en su Mochila. Procesar una muerte y todos los aspectos del duelo alistados aquí ya es una tarea formidable. Su nueva vida y propósitos desarrollarán con éxito sólo cuando todo esto haya sido procesado completamente. Algunos dicen que el empeño del primer año es simplemente sobrevivir todos los "primeros." Victor Frankl, el famoso sobreviviente del Holocausto, pudo encontrar significado y razón para vivir bajo circunstancias brutales. Él dijo, "La felicidad no puede ser perseguida; tiene que surgir." La felicidad, la satisfacción, o el significado resultará sólo con hacer el trabajo interno del duelo.

CUENTO DEL VIAJERO

"Al terminar el primer año, pensé, "¡Hallelujah, lo hice!" Sobreviví todos los "primeros"—cumpleaños, aniversarios, el día festivo favorito, el cambio de estaciones. Fue brutal, pero lo logré. Me quedé muy desilusionada cuando mi duelo continuó hasta el segundo año, y ahora hasta el tercer año. Pero esto no quiere decir que todos los días son malos. En absoluto. De cierta manera, aprecio más las relaciones. Me doy cuenta de las cosas sencillas que me traen felicidad. Estoy más consciente de cómo ayudar a otros y cómo ayudarme a mí misma. Estas lecciones han sido un regalo."

> **CONSEJO DEL VIAJERO**
>
> Se adaptará a su pérdida o si quiera o no. No se deje presionar a sanar demasiado pronto. Recuerde la metáfora de la mariposa que muere si se obliga a salir del capullo antes que esté lista. Seguir en el camino de su duelo implica movimiento hacia adelante.

AFERRARSE A UN CABESTRO SUELTO
PERMANECER LIGADO AL DUELO

No quiero dejar de sentir el duelo. Necesito mantener a mi querido en el corazón y en mi vida. Seguir adelante sentiría como traicionar nuestro amor. En algunos respectos, me siento aún más cercana a mi querido ahora. Temo que olvidaré.

No es inusual que algunos dolientes sienten como no quieren sanar. Algunos tal vez sienten como no merecen sanar o que sanar significa que serán más desconectados de sus queridos. Algunas personas dicen que por muy doloroso que pueda parecer el duelo, también es una manera de sentirse cercano a su querido. No quieren perder esa intimidad.

Pero lentamente ocurre la sanación, o le gusto o no. No me gustan los términos "seguir adelante" o "superarlo." Prefiero el término "seguir caminando." Esto quiere decir que puede ir despacio en su proceso de sanar, pero sí que hay movimiento adelante. Lo que pasa es que lentamente empieza a acostumbrarse a la pérdida. Encontrará una manera de tener una relación distinta con su querido. Tal vez le ayudará recordarse que el cabestro al que se aferra no está aferrado a su amado en este plano físico. Usted es el único quien está sujetándose. Este vínculo continuará en su memoria y en su espíritu, si así lo cree. Tenga fe que nunca olvidará a su querido.

Muy temprano en el proceso de duelo, algunas personas tendrán una serie de días buenas y tendrán miedo de que han terminado con el duelo demasiado temprano. Les aseguro que no es el caso, que no han terminado. Simplemente es que su cuerpo les está dando un descanso y una prueba de un mejor tiempo porvenir. Recuerde los Bucles.

> ### CUENTO DEL VIAJERO
> "Tardé mucho tiempo para darme cuenta de que poco a poco estaba agregando cosas a mi vida diaria cuales estaban cambiando mi manera de vivir. Empecé a vivir en vez de llorar a mi querido. He encontrado unos nuevos intereses y nuevos amigos. Absolutamente olvidé a mi amado. De hecho, lo llevé conmigo en mi viaje. Es decir, sabía que me respaldaría y que sentiría orgullo por mí. Además, estaba haciendo estas cosas para mí, no para él. Me sentaba bien."

CONTROL DEL TORNADO

Quería que fuera la muerte perfecta. Quería cumplir con los deseos de mi querido, pero no salieron las cosas como tenía planeado. Sentí como había fracasado. Hubiera hecho cualquier cosa para tener todo cómodo para mi querido en sus últimos días, pero, al contrario, hubo drama y dolor y caos. Fue horrible. Yo debería haber protegido a mi amado para siempre. No pude hacerlo. No tiene sentido.

Todos suponemos que tenemos una cierta cantidad de control en nuestra vida diaria. Tenemos cuidado en cruzar la calle; protegemos a nuestros hijos lo mejor que podemos; acudimos al médico regularmente para un cuequeo para prevenir enfermedades, etc. No obstante, cuando nos pega una tragedia, somos abrumados por un remolino de pensamientos, sentimientos, y creencias. Se rompe nuestra suposición de seguridad. Somos obligados a admitir que cuando se trata de la muerte, o tenemos muy poco control, o no tenemos ningún control. Es más grande que nosotros. En mi experiencia, la fe y las creencias de una persona son la piedra angular de la sanación. A veces debido a la pérdida de un querido, las creencias de una persona se rompen. Podrá tomar tiempo para reconstruir sus creencias o para regresar a lo que antes le daba fuerza.

El miedo que resulta cuando su presunción de seguridad desaparece puede ser enorme y abrumador. Confíe en que, con el tiempo, el tornado pasará, y encontrará un camino a un nuevo equilibrio. La lección que tal vez aprenderá a través de las presunciones rotas es que la vida puede cambiar en seco. Así que no debemos dar por sentado la vida ni nuestros queridos.

CUENTO DEL VIAJERO

"Mi padre estuvo bajo cuidado hospitalario en su casa y su anhelo era morir ahí. Pero cuando empezó a asfixiarse, mi hermano se aterrorizó y llamó la ambulancia. En el hospital, mi padre fue diagnosticado con pulmonía, así que les pidió que ya no le dieran agua ni comida y que le administraran la morfina para que muriera. Cumplieron con sus deseos, pero yo aún quería que mi padre muriera en casa. El personal del hospital nos avisó que estaba demasiado débil para hacer el viaje, y, además, no dijeron que podría morir en cualquier momento. Pero eso no sucedió, y tras varios días, el hospital le dio de alta porque les hacía falta una cama o algo así. Al llegar la ambulancia a la entrada de la casa, mi papá se fue a reunirse con mi mamá. Me sentí culpable por no poder controlar todos los factores. No acabó como yo quería, pero a final de cuentas, tal vez se cumplieron sus deseos.

ACEPTAR

No hay manera de controlar la vida.
Intente acorralar un relámpago o
detener un tornado. Detenga un
torrente y creará otro canal.
Resista y la marea lo tumbará.
Acepte, y la gracia divina
le elevará a terreno más alto. La única
seguridad nos viene al aceptar todo—
lo salvaje y lo débil; el miedo,
fantasías, fracasos, y los éxitos.
Cuando la pérdida le arranca las puertas
del corazón, o la tristeza oscurece su
visión con la desesperanza, practique
simplemente aguantar la verdad.
Cuando elige dejar su
acostumbrada manera de ser,
un nuevo mundo entero
se revela ante sus ojos nuevos.

Por Danna Faulds, usado con su permiso

> **CONSEJO DEL VIAJERO**
>
> Fortalezca su fe o espiritualidad, y si la suya ha sido quebrantada o jamás la ha tenido, hay que explorar. La muerte es más grande que cualquier de nosotros. Hay algunas cosas que no podemos controlar.

TERREMOTO CONMOCIÓN Y TRAUMA

Aún no puedo creer que esto sucedió. No puedo creer que esta es mi vida nueva ahora. No lo puedo comprender. Sacudo la cabeza con incredulidad como para despertar de esta pesadilla.

Recibir una llamada para avisarle que su querido ha muerto, descubrir su cuerpo sin vida en el baño, o presentarse el sheriff en su puerta le afecta en cada nivel de su ser. La boca se seca, el corazón se acelera, la voz se apaga, y su mente no puede ni empezar a comprender estas noticias.

Con el paso del tiempo, en los días, las semanas, y los meses que siguen, su mente le confundirá, haciéndole creer que alguien le dirá que todo es una broma, que el auto que se oye es de su querido o querida entrar el camino de entrada, o que debe telefonear a su querido a querida para contarle algo que acaba de escuchar en la radio.

Esto significa shock—un trastorno violento de la mente, las emociones, y las sensibilidades. Esto aún podrá ocurrir cuando la muerte se espera y alguien la presencia. "Estaba respirando, luego dejó de respirar. ¡Fue traumático!" Con el paso del tiempo, saldrá de su shock.

Se puede esperar que tras unos tres meses (o más tiempo para ciertos tipos de pérdidas, tal como perder a un hijo o una hija, o perder a alguien por suicidio), empezará a salir de su "anestesia natural," y tal vez experimentará un profundo sentido de dolor. Nadie quiere oír esto. Sin embargo, esto parece ser el curso natural del duelo. Empieza a conocer la permanencia de su pérdida a distintos niveles.

¿Cada vez que alcanza otro nivel, tal vez resollará y dirá, "Esta es mi realidad ahora?" Justamente acéptelo y sea delicado con si mismo. Sea tierno con si mismo. Si tiene dificultad con el concepto de cuidar de sí mismo, tal vez necesite práctica para aprender que no solamente es normal, pero que también es necesario. Deje que sea esto un regalo que viene de esta pérdida. Ya sabe que se dice que en un avión primero tiene que ponerse su propia máscara de oxígeno antes de poder ayudar a otros. Cuidar de sí mismo no significa el egoísmo.

> **CONSEJO DEL VIAJERO**
> Sea tierno y delicado con sí mismo. Practique el cuidar de sí mismo cada día.

Hay días en que
Me susurro palabras
De consuelo como
Hojas cayendo
Y recuerdo
Que basta con
Cuidar de mí mismo.

De "Palabras de Consuelo" por Brian Andreas
Con permiso del autor

> **CONSEJO DEL VIAJERO**
>
> Acudir a un eficaz grupo de respaldo para dolientes puede ser valioso. Ahí comprenderá que los sentimientos profundos que está experimentando son normales. Si no puede encontrar a un grupo de respaldo, luego únase a un grupo seguro y eficaz en el Internet o en salones de charla.

CIÉNAGA
VERGÜENZA

Soy una persona horrible. No le puedo contar a nadie que tan horrible soy. Creo que soy la que mató a mi querido por administrarle la morfina. Temo que tomé las decisiones equivocadas. No estoy manejando esto bien. Soy débil. Soy demasiado emocionante. ¡Qué vergüenza!

A mi querido no le gustaría ser tan débil. Resulta tan difícil ponerme cara de valor. Debo ser más fuerte. Al menos, eso es lo que me dicen.

La vergüenza corre profundo y raramente se discute. Permanece escondida. Es distinta de la culpabilidad. La culpabilidad: "Hice algo malo." La vergüenza: "Soy mala persona." Muchos de mis clientes no me confiesan su vergüenza hasta que han pasado varias sesiones. Siempre me quedo sorprendida a su "confesión" porque la ocultaron tan bien.

Pero estos pensamientos vergonzosos siempre son una distorsión de la realidad. Cuando alguien está desesperanzado por el duelo, está en un estado muy vulnerable. Requiere valor para abrazar esa vulnerabilidad, enfrentarlo, y decir, "Esto es lo quien era, esto es lo quien soy, y descubriré a lo largo del camino (con respaldo) en quien me convertiré." Si usted mismo u otra persona espera de sí que sea perfecto o que llore su querido de cierta manera, resista esa expectativa no realista.

Debe obtener consejos profesionales o leer libros acerca del daño que la vergüenza pueda causar. Tomará algún trabajo y la voluntad de ser vulnerable y honesto, pero imagine qué tan liberado se sentirá poder salir de la ciénaga. La vergüenza es una carga pesada para llevar encima del peso del duelo. Hay que escuchar la presentación de Brené Brown en TED Talk, la cual pueda enseñarle mucho sobre la vergüenza. Ella la llama la ciénaga del alma.

Hay muchos dolientes quicnes han tomado decisiones difíciles acerca del cuidado en fase terminal. ¿Cuántos de nosotros sabemos tomar las decisiones correctas? Aún si tiene formación en el campo médico, tal vez no sepa la respuesta "correcta." Hacemos lo mejor que podamos con el conocimiento que poseemos en ese momento.

Cuestionarse a menudo es una parte del proceso de duelo. Los "¿Qué tal si…?" o "Si hubiera…" se considerarán. "Debería haber hecho…" y "Podría haber hecho…" a menudo son parte de la vergüenza. Pero no vaya al extremo de culparse a sí mismo o a otra persona por tomar la decisión de vida o muerte cuando la decisión no resulta como esperaba. ¿Cuántas decisiones tomamos cada día que puedan ir en una dirección u otra? Está fuera del alcance de nuestras manos. Si yo le digo a un amigo las direcciones a mi casa, y por el camino, el auto del amigo recibe un golpe trasero, ¿es culpa mía por darle esa ruta en vez de otra?

Este tipo de escenario pueda engañar la mente, como si tuviéramos algún control sobre las situaciones que ocurren. No acepte la ilusión que podemos controlar la vida y la muerte. Podemos hacer tanto posible para prepararnos para tomar buenas decisiones, pero la verdad es que no tenemos mucho control.

> **CONSEJO DEL VIAJERO**
>
> Como la vergüenza es tan profunda, tal vez necesite obtener ayuda profesional para ayudarle con sus pensamientos distorsionados. Una parte de manejar la vergüenza es por exponer nuestras vulnerabilidades, aunque suene intimidante. Requiere encontrar una persona fiable. No deje que sus secretos queden enterrados. Tal vez conoce la expresión, "Solamente estamos tan enfermos como nuestros secretos." Pero como estos pensamientos son distorsionados, empiece con repasar la sección Pensamientos Equivocados. También debe unirse a un grupo de respaldo. Descubrirá que no está solo en cómo interpreta su situación. Descubrirá que es más fácil perdonar a otros por la misma cosa que no puede perdonarse a sí mismo.

 **CAJA DE CONSEJOS**

Su mente puede engañarle cuando usted es vulnerable. Reflexione en cómo sus pensamientos puedan estar distorsionados, luego reemplace estos pensamientos con algo saludable, aún si no lo crea al cien por ciento en ese tiempo. Ponga un alto al pensamiento torcido, y en vez de eso, vuelva a enfocar en el pensamiento saludable.

DESIERTO
SOLEDAD

Nadie comprende cuánto echo de menos a mi querido. Mi mejor amigo ya no está conmigo—la persona con quien compartí todo desde las decisiones cotidianas hasta las importantes. La única persona capaz de confortarme en mi dolor ya no podrá consolarme. Ahora, ¿Quién será la primera persona para cantarme "Feliz Cumpleaños"? ¿Quién asegurará que he llegado a mi casa seguramente tras un viaje? Nadie comprende lo profundo de que he perdido.

Es cierto. A menos que alguien ha sufrido la pérdida de un querido, es difícil saber como reaccionar. Aún las personas en su familia no pueden comprender su duelo, porque en una familia, cada quien tiene su relación particular con el difunto. Ellos sienten su duelo, y usted, el suyo. No quiere competir con ellos o sobrecargarles con sus síntomas particulares de duelo. Sus amigos solamente quieren que se siente mejor. Quieren ver una cara feliz, el usted "de antes." Tal vez insistan que salga a socializar con ellos, creyendo que le hará bien. No comprenden que aunque tal vez sí le ayudará por un rato, pronto puede hacerle sentir agobiado, el tener que ponerse una cara valiente.

Este desierto no es necesariamente mal lugar donde estar, y tal vez se debe cruzar principalmente por usted. Reflexione otra vez en la metáfora de la mariposa que sale del capullo. Sí que es oscuro y solitario, pero a la vez tiene un sentido de seguridad. Debe permanecer dentro de este capullo solitario hasta que ocurra la metamorfosis y su duelo es transformado. No puede salir demasiado temprano del capullo. Su recuperación y transformación deben tomar el tiempo que requieren. Puede sentir imposible ahora, pero sí sucede.

Por otra parte, debe practicar el equilibrio. Si se siente como se está aislando demasiado y tiene problemas funcionando, luego hay que salir y reconectarse por un tiempo, aunque sea pasearse al aire libre.

> **CAJA DE CONSEJOS**
> Busque un equilibrio entre su capullo seguro y una comunidad comprensiva y alentadora.

FUEGO DE BOSQUE
ENOJO

No tengo paciencia para gente ignorante e indiferente que no comprende lo que estoy padeciendo. Me dan ganas de golpearle. Estoy enojado con Dios. La fe se me ha sacudido. Mi querido me ha dejado en un lío económico. ¡Teníamos planeado viajar juntos! ¡Debería haberse cuidado mejor! Mi pareja no duelo como yo. Siente como no le importa. Quiero gritarle al mundo, "¿No saben que estoy doliendo?"

A veces alguna gente siente un nivel constante de irritabilidad, y algunos sufren casos de enojo. Es normal permitirse sentir todas las emociones del duele. Es común. Deje que entren todas (recuerde el poema de Rumi). Muchos no sienten el enojo al principio, y algunos jamás lo sienten. Eso es normal también. El incendio forestal no es un lugar ni una fase que debe padecer. Alguna gente siente que traicionan a su querido o querida si siente enojo hacia él o ella. Recuerde que usted tiene derecho sentirse como siente (y la emoción eventualmente pasará y cambiará).

La emoción no hará daño a nadie. Lo que hace con sus sentimientos es otro asunto. No reaccione a estos sentimientos temporales de una manera dañosa ni disfuncional. No exprese su enojo con sus hijos ni con otros familiares. Esto causa más daño y drama. No use el enojo para huir del dolor que siente.

Algunos dolientes se sienten enojados con su querido por no preocuparse más de sí mismo o de su familia en cuidar de su salud. Pueden haber abusado del alcohol o de comida. Pueden haber abusado a familiares. Algunos tal vez estén enojados por la manera en que se ha escrito el testamento o el testamento en vida. A veces salen noticias sorprendentes y adversas tras una muerte, por ejemplo, aventuras amorosas o una quiebra financiera. Puede ser extremadamente confuso saber cómo o dónde expresar este enojo, siendo que la persona ya no vive. Ésta es buena ocasión para tener un buen terapeuta de duelo. Tendrá muchos asuntos para conciliar, y estas cosas usualmente no se arreglan en un breve tiempo.

Tener acceso a una parte tercera neutral podrá iluminar los asuntos cuales los familiares no comprenden debido a que están demasiado pegados a la situación. "Arreglado" no quiere decir que siempre hay una resolución. Saber cómo vivir sin una resolución a veces es la

única resolución.

El incendio forestal de enojo tiene aspecto distinto para cada miembro de la familia. La manera en que su hermano o su esposa expresa su duelo puede ser distinta a la suya. Alguna gente expresa el duelo a través de acciones como establecer una fundación o crear un jardín conmemorativo. Estereotípicamente, estos son hombres que tal vez tengan dificultad expresar sus emociones. Sin embargo, también hay mujeres que tienen dificultad en expresar sus emociones. Es importante no juzgar la manera en cual uno expresa su duelo. Juzgar a alguien podrá acabar con el proceso de duelo completamente para alguien. Confíe en que tras de la máscara de fuerza hay un montón de pensamientos y sentimientos.

> La mejor recomendación que les puedo dar para un libro cual ilustra el proceso de duelo es *Tear Soup: A Recipe for Healing After Loss* por Pat Schwiebert y Chuck DeKlyen. En mi opinión, es el libro ideal. Lo leo en voz alta para muchos de mis clientes.

También pueda sentir enojo por el maltratamiento o la insensibilidad de personas bienintencionadas. Amigos, familiares, y desconocidos todos pueden pagar sus dos centavos para decirle la mejor manera de sanar. Unos dicen, "Venga a esta fiesta. Se le quita la tristeza." O tratan de relacionarse con su duelo por decir, "Yo sé cómo se siente, mi abuelo murió cuando yo tenía cuatro años," o frases triviales como, "Está en un lugar mejor." Estos comentarios pueden ser exasperantes. Trate de pasar por alto estos comentarios (Vea La Mente de Teflón en el Apéndice) con el entendido que muchas personas o la mayor parte de personas ignora o se siente incómoda acerca de cómo tratar a una persona en duelo.

También, es posible que esté en un lugar donde nada le dará consuelo y donde está simplemente enojado con todo el mundo.

> ### CONSEJO DEL VIAJERO
> La energía del enojo es casi siempre no productiva. Use el truco La Mente de Teflon. No deje que sus pensamientos de enojo o los comentarios insensibles de otras personas se queden pegados en su mente. Deje que pasen sin darles mucha importancia. Conserve su energía para algo más importante. Recuerde que es normal tener pensamientos de enojo, pero tenga cuidado con lo que hace con su enojo. No haga más grande el incendio forestal por atizar las llamas con comportamiento disfuncional.

MONTAÑA ESCABROSA
ECHAR CULPA

Si acaso mi hermana hubiera cuidado mejor de Mamá. Si acaso mis familiares no hubieran sido tan avariciosos. Si acaso el Testamento en Vida hubiera estado en orden. El médico jamás leyó la tabla. Ignoraron mis peticiones.

Otra vez, echar la culpa a alguien o a algo es parte del proceso, pero tras un rato—y muchas veces un largo tiempo—siempre llegará al mismo destino: Su querido ya no vive. Es una montaña escabrosa para trepar, y echar la culpa puede ser una manera de demorar su duelo por no enfocar en la profundidad de su tristeza. Muchas personas se quedan atoradas en el "Juego de Echar la Culpa." No he visto cambiar el resultado por aferrarse a la culpa y el enojo. El enojo siempre es parte de la culpa. Y para la mayor parte de la gente, el enojo no se siente muy bien. Empieza a roer al estómago. Al fin y al cabo, tendrá que practicar el perdonar, y mejor hacerlo temprano que tarde.

Cuando me convertí en consejero de duelo, me di cuenta de un tema común, y eso fue de culpar al médico, la enfermera, o al personal del hospital por la pérdida de su querido. Como provine de una familia repleta de abogados, estuve de acuerdo con demandar a todo el mundo. Mi supervisor me señaló la falacia en pensar así.

Los médicos no son Dios. Las personas cometen errores. La mayor parte de personas en estas carreras hacen lo mejor que puedan con la información disponible a ellas. Los pleitos son costosos, y por la mayor parte, este proceso retrasa el duelo. Aún así, tomar alguna acción, como pedir una clarificación del médico o de la enfermera en cuanto a lo que haya ocurrido, es a menudo reconfortante.

CUENTO DEL VIAJERO

"La salud de mi esposo querido rápidamente se fue de mal en peor tras la cirugía. Fue internado en una Facilidad de Enfermería Especializada. El personal sabía que no iba a vivir por mucho más tiempo. Trataban de prepararme, pero no les hacía caso. Sentía enojo que no tomaban todas las medidas para mejorarlo. Cuando murió, culpé la facilidad. Mucho más tarde, cuando se me vino la perspectiva y mis pensamientos se hicieron más claros, recordé que me dijo un miembro del personal, 'Sabe, él jamás irá a casa.' No comprendí lo que me decía. No oí la palabra "jamás." Me dije, 'Pues, claro que no está listo para ir a casa ahora.' Con la perspectiva y con el paso del tiempo, pude librar el enojo que sentía. Su muerte no fue la culpa de nadie. Era su tiempo."

CAMPO MINADO
DRAMA FAMILIAR

Mi familia parece echarme la culpa por todo. Hice lo mejor que pude. Yo no pedí ser la ejecutora de la herencia o tener Poder Notarial. Mi querido tomó su propia vida, y aún mis familiares me miran como si fuera mi culpa. Me siento destrozada que mis familiares se portan así.

En una película, tras una muerte en la familia, la gente se reúne, reanudan vínculos rotos, y se dan respaldo como nunca. En mi experiencia, esto raramente ocurre. A menudo es como una explosión entre los familiares, quienes fueron lanzados a un territorio nuevo de duelo. Si había problemas en la dinámica familiar antes de la muerte, luego el comportamiento malo se puede magnificar tras la pérdida. Puede surgir la avaricia sobre el dinero o artículos personales del querido.

Sea consciente también que cada familiar expresa el duelo de manera distinta. Si un familiar parece estoico, esto no quiere decir que no está en duelo. Estos campos minados pueden sentir como una pérdida secundaria. Sin embargo, he visto que con el paso del tiempo (y esto puede tomar hasta un año), una persona empieza a aceptar que los vínculos familiares son más importantes que el dinero.

Trate de separarse del drama disfuncional.
Aprenda límites saludables y destrezas en autoafirmación.

> **CUENTO DEL VIAJERO**
> "Cuando murió mi mamá, hubo tanto drama familiar.
> No estuve en posición económica para llevarme cosas de ella que me recordaban de nuestra relación preciosa. De hecho, en ese tiempo estaba sin hogar, así que todas mis pertenencias cabían en una mochila. Dos artículos eras especialmente conmovedores para mí—un radio que escuchábamos juntas y un libro de cocina Betty Crocker de cual preparaba mis recetas de cacerolas favoritas. Saqué fotos de estos, y algún día cuando pueda, haré un álbum de recortes de las canciones y las recetas que compartíamos.

Recuerde el truco de la Mente de Teflón. No deje que las acusaciones familiares peguen. Otra manera de alejarse de acusaciones familiares falsas es aprender el Truco de Cabello Verde. Si alguien empieza a señalarle, burlándose, y riéndose porque tiene el cabello verde (y suponiendo que no tiene el cabello verde), no sentiría dolido, enojado o juzgado por otros. Su reacción sería neutral, y tal vez confundido por una alegación tan absurda. Así que cuando los familiares le acusan de algo, véalo como si fuera una acusación de tener el cabello verde. Su reacción será como si fuera una acusación falsa.

Si cree que una parte de la acusación sea verdad, y por eso le molesta, tome esta oportunidad para averiguar lo que pudiera haber hecho de otro modo en el pasado y que podrá hacer de manera distinta en el futuro. Tome responsabilidad por sus acciones y pida perdón a la gente apropiada. Remienda relaciones. Debe pedir a una persona neutral que le guie, así como mucha gente está demasiado cercana a la situación para dar consejos imparciales.

CONSEJOS DEL VIAJERO

Participe lo menos posible en el drama familiar. El duelo a menudo siente como locura, y a muchas veces el drama es una manera de evitar el aceptar la pena del duelo.

> **CONSEJO DEL VIAJERO**
>
> Perdonar no una acción sencilla. Primero, entienda que no perdonar sólo le duele a usted. Segundo, decida a inclinarse hacia la dirección de perdonar. Luego, practique la acción de perdonar. Cada vez que los pensamientos de enojo o de culpar surgen, diga una afirmación tal como, "Esto sólo me haciendo daño. Déjelo ir. Suéltelo." ¿Quiere sentir la paz en sus pensamientos, o tiene que tener razón? ¿Cuál de los dos va a ganar? Hay libros buenos para ayudarle con el perdonar. Vea Recursos.

BAYAS AMARGAS
AMARGURA

Me siento defraudado. La vida no es justa. Me da envidia que otros todavía tienen lo que se me arrebató. No quiero ver a parejas cogidas de las manos. No me importa ver fotos de los nietos de mis amigos cuando yo jamás tendré nietos.

Este es un sentimiento común y comprensible. Sin embargo, la amargura es una emoción muy desagradable y no saludable para cargar. Permítala, pero no castigue por sentirla; trate de ser la persona más fuerte. ¿De verdad quiere decir que quisiera que el dolor que usted sufre se debe imponer a otras personas? Lo que probablemente quiere decir es que sería más útil si su pérdida y su lucha fueran más reconocidas.

Yo creo que si los que están en duelo llevarían un brazalete cual leía, "TIERNO CORAZÓN," luego otros podrían ver sus necesidades y ofrecerles cuidado extra.

En el pasado, los que estaban de luto se conocían por sus vestidos negros. Ahora, no hay nada que significa que hay muchos entre nosotros que están en duelo.

> ### CONSEJO DEL VIAJERO
> La amargura tiende a desvanecerse cuando otras. comprenden y reconocen por qué se siente de este modo. No es que busca lástima, sino la compasión sincera. Le ayudaría si pudiera crear una narrativa distinta para sí mismo. Ensaye contar una narrativa nueva, aún si no la cree al 100 por ciento ahora.

Vivimos en una cultura sonriente. Parece que nos juzgan si no nos presentamos amigables y sonrientes. Pero cuando uno está de luto, a veces no le da ganas de sonreír. Una vez más, un brazalete indicaría por qué no tiene ganas de sonreír. Es importante que su dolor sea reconocido por alguien—un amigo confiable, un consejero de duelo, o un grupo de respaldo. Alguien que valide su dolor, pero que no trate de curarlo, es un aspecto esencial de sanar.

> ### CUENTO DEL VIAJERO
> "Murió nuestro bebé, y todo el mundo esperaba de mí—el padre—que fuera el fuerte, para mantener las cosas, para ser estable, resolver los asuntos. Pero yo también estaba doliendo. Sentí rencor que nadie me reconfortaba. Esto fue tan difícil para nuestro matrimonio. Mi terapeuta me preguntó si yo podría inventar una nueva narrativa, una que tenga impacto ahora—cuatro años después. Después de mucho

reflexionar, yo declaré, 'Nuestro bebé no quedó para vivir con nosotros, pero tenemos dos hijos que sí viven con nosotros.' Debo empezar a considerar cada momento con mis hijos como preciosos. Mi esposa y yo sentimos más empatía para las personas que han perdido hijos."

COMPÁS ESTROPEADO
CONFUSIÓN

¿Cuál es mi próximo paso? He perdido mi Norte verdadero. ¡No puedo concentrarme suficiente para pagar las cuentas, y mucho menos preparar mis impuestos o buscar un empleo! ¡El duelo me hace estúpido! No puede tomar las más sencillas decisiones--¿papel o plástico? ¿A quién le importa? Yo no sé cómo pasó todo esto o por qué. No puedo hacer sentido do lo que pasó. No puedo comprender esta pérdida.

A veces el duelo trastorna a una persona. Una persona que antes era decisiva, inteligente, eficiente, y llena de confianza antes de la pérdida ahora puede estar forcejeando. Esto tiene sentido, de hecho, porque el duelo es complejo y hay tantos asuntos distintos para procesar.

Las "etapas" del duelo que fueron popularizadas en el pasado podrán confundir más a la gente. Los dolientes creen que deben pasar por un proceso linear simplísimo—Renegación, Enojo, Negociación, Depresión, y finalmente—Aceptación. Se preguntan, "¿Por qué no siento enojo?" o "¿Por qué no está en la lista 'Añorar' porque eso es lo que siento más que nada?" o "¿Soy normal?" o '¿Qué es normal?" Puede que hay fases, pero no hay etapas del duelo.

Tarda mucho tiempo integrar su pérdida en el cuerpo y en la mente. Toma bastante tiempo para que todo tenga sentido, especialmente cuando la pérdida ha sido tan repentina e inesperada. La mente busca la resolución. Hay que hacer sentido de las cosas antes de que pueda descansar la mente. Nuestro mundo tiene que tener sentido, pero cuando ocurre la muerte, raramente tiene sentido. Aún si lo esperábamos, nos sorprendemos cuando nuestro querido toma su último respiro.

Asegure que está cuidando bien de sí mismo para que su mente pueda funcionar lo mejor posible. Aún cuando se cuida bien, las emociones girantes sentirán confusas por un tiempo. Alguna gente lo nombra neblina cerebral. Es normal. Pasará.

Además, poner la estructura en su vida diaria y en su calendario es muy útil. Debe planear algo que pueda anticipar con afán. Es normal forcejear cuando el mundo no tiene sentido. Está bien que se quede roto el compás por un rato. Haga esto por tanto tiempo que necesite. Es mejor dejar que esto ocurra naturalmente, en vez de forzarlo. En algún tiempo, aún varios años por delante, si todavía le apesadumbra porque el mundo no tiene sentido, entonces practique EMDR o las artes expresivas para empezar a aclarar la confusión. Eventualmente, algún día tendrá que aceptar el hecho de que la vida tiene muchos misterios que tal vez no aparecen en este plano físico.

CONSEJO DEL VIAJERO

Quédese seguro que este es un estado temporal y que su cerebro eventualmente funcionará como antes. Es normal hasta tal punto. Si tras unos años todavía se preocupa porque las cosas no tienen sentido, busque ayuda profesional. También acepte que la vida y el universo contienen muchos misterios que no siempre se pueden explicar. No se lleve a la orilla de la desesperación preguntándose, "¿Por qué?" Déjelo.

CUENTO DEL VIAJERO

"Cuando mi hijo de 17 años tomó su vida, fue como si todas las piezas del rompecabezas de mi vida estallaron en el aire. Me escabullé para juntar las piezas y ordenarlas. Me volvía loca preguntándome cómo pudiera haber faltado las señales. Hasta regresé para rememorar cuando él estuvo en mi vientre y dejé caer unas tijeras. Él saltó. Debí haber sabido en aquel entonces cuán sensible era. Reconozco ahora que siempre faltarán unas piezas del rompecabezas. Yo sé que fui una buena y cariñosa madre. Ha tomado mucho tiempo, pero me he perdonado, y estoy en paz. Aún lo echo de menos."

CAMPO DE FLORES
ALIVIO

Este ha sido un viaje largo y doloroso, y agradezco que ha terminado. ¿Es malo eso? Mi vida ha sido difícil y ahora me siento como se me ha quitado una carga pesada. Mi querido sufrió por tantos años con la depresión y la adicción, y siempre me apenaba por su seguridad. Al menos ahora han terminado las inquietudes. Debo ser una persona despiadada. Es un tiempo confuso para mí.

El alivio viene de distintas formas y tal vez no se aplica a todas personas. El alivio puede ser singular para aquellos que han tenido una lucha prolongada con un querido que ha sufrido de adicciones o problemas severos de salud mental. Con frecuencia, estas personas en duelo han vivido constantemente en miedo que venga una llamada con temidas noticias malas. Una persona quien ha sido un cuidador principal por meses o años conoce qué tan pesado puede ser emocional y físicamente ver a su querido deteriorar en la salud y en la dignidad. A veces el alivio simplemente es que el querido ya no está sufriendo o que el cuidador principal al fin puede descansar después de estar de guardia 24 horas al día, siete días por semana. Descansar en este campo de flores pueda producir sentidos de culpabilidad o confusión. Acepte todos estos sentimientos y reconozca que son normales. El alivio sin duda cambiará al pasar el tiempo. Como las facetas de un prisma, cada sentimiento se presentará para que lo examines. Permítase el descanso por un rato, porque en un momento en la vida, unos sentimientos más complejos ocurrirán con que tendrá que luchar.

CUENTO DEL VIAJERO

"Por los primeros meses que asistía un Grupo de Viudas, no podía relacionarme con la tristeza de los otros miembros. Para mí, tras cuidar de mi esposo, quien tenía la enfermedad Parkinson por diez años, sentí un alivio que no había sentido en muchos años. Sin embargo, cuando el alivio se desvaneció, reflexioné en nuestra larga vida casada. Estuvimos contentos por la mayor parte de nuestros años juntos. El dolor por perder esa vida superó cualquier sentimiento de alivio. También aprendí que era normal sentir el alivio y la tristeza a la misma vez. Los dos no son mutuamente exclusivos."

CONSEJO DEL VIAJERO

El alivio al principio puede ser una reacción normal. Es aceptable relajarse en el alivio hasta que las otras facetas se presentan para examinarse.

PARTE V: LO QUE CONTIENE SU MOCHILA

Ojalá ha recogido muchas herramientas para poner en su Mochila. Seleccione cuales herramientas funcionan para usted. Escoja varias o la lista entera. Luego, practique, practique, practique. Esto es lo que significa trabajar el duelo. Procesar o trabajar a través del duelo no sólo quiere decir hablar con un consejero, leer un libro, o asistir a reuniones de un grupo de respaldo. Significa esto y mucho más si quiere avanzarse en el Camino de Valor con lo mínimo de golpes y cicatrices posible.

> Todas estas herramientas le ayudan integrar su pérdida—no a "superarlo." Y con la integración viene un significado para la vida. La expectativa es que usted eventualmente sanará para vivir una vida nueva—una vida que tal vez jamás había imaginado posible.

Portarse "Si acaso"—A veces no le darán ganas ni de levantarse de la cama por la mañana. Así que pórtese como si fuera la cosa más importante para hacer ese día.

Permitir—Para el misterio de la vida. No todas las preguntas se pueden contestar. Las cosas no siempre tienen sentido.

Altares—A alguna gente le gusta crear un lugar especial dedicado a su querido en su casa o en el jardín. Puede ser tan sencillo como prender una vela. O puede agregar fotos, flores, o símbolos decorativos que tienen significado especial. Esto venera su querido y honra su duelo. Mi sugerencia es poner un límite de tiempo al altar.

Ayuda Alternativa—Homeopatía, Visualización, Terapia Craneosacral, Aromaterapia, Masaje, EFT, EMDR. La lista es larga. Manténgase una mente abierta, y esté dispuesto a utilizar lo que pueda aliviar su dolor.

Las "Seas"

Sea Paciente—Con sí mismo y con otras personas. Este Camino es un proceso.

Sea Presente—Lo más posible, no viva ni el futuro ni en el pasado. Quédese en el presente—en el minuto, en la hora o en el día. (Vea Pensamientos Equivocados en el Apéndice).

Sea Realista—Reconozca que este viaje es largo, pero busque perlas para gozar por el camino.

Sea Honesto—Cuando tiene momentos de claridad, asesore cómo está avanzando por el Camino. ¿Esconde tras una máscara de fuerza? ¿Está minimizando su duelo? ¿o lo usa como excusa?

Sea Preparado—Sea consciente de lo que hay por delante para que las trampas no le consuman. Debe esperar dificultades.

Equilibrio—Busque esto en todo lo que hace. No haga nada en exceso. Moderación es lo óptimo.

Barreras—No crea barreras, senderos secundarios, o desviaciones del Camino que no existen. Averigüe si puede remover la barrera y regrese al saludable Camino. Ponga los problemas en orden y resuélvelos uno a la vez.

Respirar—Respirar es sanar. Respirar es vivir. Pegue notas alrededor de la casa para recordarse a respirar hondo.

Modelo Bufé para Sanar—Todas estas herramientas en su Mochila la ayudarán a hacer su trabajo de duelo. Algunas serán más aceptables que otras. Trate de salir de su zona cómoda. Tal vez puede empezar un diario personal, aunque nunca lo había tomado en serio. Como si estuviera en una mesa de bufé, pruebe un poco de esto y un poco de eso. Sólo pruébelo. Tal vez le ayude. También trate de utilizar herramientas que usan ambos lados del cerebro, cual ayuda a integrar la pérdida.

Capullo—La transformación de oruga a mariposa toma lugar en el capullo. Busque su lugar seguro física o metafóricamente para expresar su duelo como lo debe hacer. Salga del capullo cuando ha terminado su trabajo de duelo y cuando es oportuno para sí mismo.

Conecte los Puntos—Con frecuencia, los que están en duelo se preguntan porque se sienten tan exhaustos o tan frágiles esta semana o este mes. La mayor parte de la gente minimiza su pérdida porque nuestra cultura no se siente cómoda en aceptar el duelo. Así que recuérdese que ha sufrido un golpe a la psiquis. Además, ¿Cuánto tiempo hace que desde que murió su querido? ¿Un mes, tres meses, seis meses? Cada mes tiene su propio sentimiento. Recuerde que a menudo—la mayor parte del tiempo—su duelo intensificará antes de aliviarse. ¿Es el mes de un cumpleaños o aniversario especial? Conecte estos puntos para comprender dónde se encuentra en el mapa del duelo.

Valor—Si ya ha leído hasta este punto, entonces ya tiene el valor que se requiere para enfrentar el dolor, hacer el trabajo, honrar a su querido, y estar dispuesto a empezar unas cosas de nuevo.

Compasión—Aprenda a desarrollar compasión por sí mismo en vez de celebrar una fiesta de lástima. Piense en cómo preferiría confortar a un amigo que esté en duelo; luego hágalo por sí mismo.

Lanzarse a las Ondas del Duelo—Un concepto esencial para ayudarle pasar por la onda de dolor en vez de huir de ella. Esto pasará; siempre sucede.

Distraerse—A veces tiene que tomar un descanso de todas las emociones. Vea una película de Disney o Pixar para niños. A menudo tienen moralejas buenas y son inspiradoras.

Alimentarse bien—La comida sabe a cartón en tiempos difíciles como este, y lo que sabe mejor es comida reconfortante. Sea consciente de no comer con descuido. Coma tan saludable como pueda para que se cerebro funcione bien. Tendrá que tomar muchas decisiones, así que se necesita tener la mente clara. Pruebe muchos batidos de fruta y verduras.

EMDR—Un tratamiento de término corto cual ayuda en procesar el trauma. Yo le llamo la varita mágica. Es increíblemente eficaz, pero no se puede sustituir el trabajo del duelo por EMDR.

EFT—Técnica de Libertad Emocional—cual involucra la pulsación.

Empatía—Recuerde que no ha caminado en zapatos de otra persona y nadie ha caminado en los suyos. Sea tierno en sus pensamientos y en sus hechos consigo mismo y con otros.

El Perdón—Examine los modos con que se aferra a no perdonar, cual le puede hacer daño de muchas maneras. Se recomiendan libros en Recursos.

La Gratitud, "Siento gratitud por…"—Para algunas personas, esto puede ser difícil expresar al principio, pero esfuércese a pensar en una cosa que agradece. Luego apunte al menos tres cosas tan frecuentes como posible. Yo creo que la gratitud y el sueño son las dos cosas más importantes para poner en su Mochila. Algunas personas prefieren la frase, "Doy gracias por…"

Truco del Cabello Verde—Si lo que dice la gente acerca de usted no es verdad, olvídelo. Si alguien le señala y empieza a reírse, declarando que usted tiene el cabello verde (y suponiendo que no es cierto), entonces debe mirar perplejo a esta persona y pensar, "Esta persona es extraña." No habría una carga emocional para usted—tal vez algo de confusión, pero no habrá enojo porque el comentario no es verdadero. Así que, sería el mismo caso si alguien le acusa de cualquier otra cosa. Si no es verdadera, luego no hay carga emocional (cabello verde). Si el comentario tiene algo de la verdad, averigüe como reconciliar la acusación.

Hidratarse—Hay que reponer las lágrimas que ha llorado con agua fresca, no tóxica.

Diario Personal—El proceso de escribir un diario la ayuda integrar la pérdida de un querido. También lo puedes revisar para ver el progreso que ha hecho, especialmente cuando siente como ha progresado.

Bucles—Estos representan la trayectoria de su viaje. No es una línea recta hacia arriba. Imagine cada bucle como si fuera una oleada. A veces me refiero a ellas como bombas que estallan sin aviso. Cuando el impacto de la bomba le pega, tumbará hacia abajo, pero no al fondo. Sentirá sacudido y desconcertado, pero utilizando las técnicas y confiando en el proceso de curación, subirá de nuevo.

Movimiento—Mueva la energía del duelo alrededor por hacer ejercicio leve; aún un paseo a la caja postal es mejor que no hacer nada. Haga ejercicios no vigorosos de yoga. Recuerde ser gentil con sí mismo.

Mitos—No se crea de los mitos. No hay horario. No hay "etapas." No hay "clausura" porque no se puede apagar el amor. La sombra del duelo tal vez le perseguirá, pero eso no quiere decir que no está progresando.

La Naturaleza—Trabaje en el jardín; prepare comedores para pájaros; siembre flores que atraen abejas, mariposas y colibríes; siembre un jardín conmemorativo; viaje a lugares hermosos y cambie el paisaje al que está acostumbrado.

Declaraciones Paradójicas—"¿Cómo le puedo amar tanto, pero estar tan enojado con él a la vez por _____?" Tengo miedo de socializar, pero me siento solitaria." "Asistí a una ocasión especial (casorio, nacimiento, graduación) y se me llenó el alma con amor, pero todavía tenía el corazón roto." Guardar dos ideas contrarias puede ser confuso. La clave es utilizar el término "Y" en vez de "PERO." Esto es un cambio sutil que parece ayudar. Pruébelo.

Permiso—Hay que darse permiso para expresar su duelo en la manera que le sienta bien sin ser juzgado y sin ser influenciado indebidamente. No menosprecie lo que siente. Tiene derecho a sus sentimientos.

Perseverancia—El Camino de Valor puede ser largo, pero no lo puede abandonar. Hay que tomar un paso a la vez.

Perspectiva—Cuando está en medio de un duelo profundo, su perspectiva será oscura y estrecha, y tal vez sombrío. Tenga en cuenta que todavía no tiene una amplia vista de posibilidades. Le animo a salir de su "isla" y tomar un viaje, aunque sea hasta la orilla de la ciudad. Hay que ampliar su perspectiva, hacer más grande su horizonte. No verá el panorama todavía, pero tenga fe que lo verá en tiempo. Mientras viaja más adelante en su Camino, tome el tiempo para reflexionar y apuntar las lecciones que ha aprendido o la fortaleza que ha ganado utilizando las técnicas en su Mochila.

Práctica—Practique cambiar sus rutinas; practique sacar artículos de la casa; debe aventurarse a salir de la casa; practique a vivir hasta que se sienta vivo otra vez.

Reflexionar—Piense en cómo el duelo ha ocurrido desde el principio de los tiempos. Hay que conectar con y rezar por toda la gente que sufre pérdidas y trauma diariamente en su comunidad. Luego debe extender esos pensamientos y oraciones a la gente en el estado, la nación, y el mundo.

Álbum de Recortes—El proceso de revisar fotos e incluso poesía o citas significantes es terapéutico. Tome se tiempo en hacer esto. Hay que llorar y respirar.

Autocuidado—Esto es la parte de tener compasión por sí mismo. ¿Qué le diría a un amigo que hiciera por sí mismo si estuviera en un duelo profundo? Haga esto por sí mismo. Haga una lista de tres cosas que puede hacer para cuidar de sí. Practique al menos una cosa cada día. Cuando se adentra en un intenso bucle hacia abajo, mire la lista como un recordatorio de como cuidarse de sí mismo. Muchas de estas técnicas en la lista se pueden considerar par autocuidado, pero también hay numerosos libros sobre el tema. Recuerde que el autocuidado no significa egoísmo.

Diálogo Interno—"Puedo superar esto.," "Debo confiar en el proceso de curación." "Mantendré el corazón y la mente abiertos para recibir lo que me venga en el viaje." Utilice lo que le conviene.

Debo o Debería—Esto es una distorsión cognitiva o parte de la lista de "Pensamientos Equivocados" en el Apéndice, pero merece un lugar en la lista de técnicas para recordarle de no decir "Debo" o "Debería." ¿De qué le serviría? Nada, en absoluto.

Contemplar su Duelo—No nos gusta sentir dolor, así que nuestra tendencia es librarnos del dolor lo más pronto como posible. Imponerse a quitarse el dolor que acompaña la tristeza le causará problemas en el futuro. El duelo no es una "patata caliente." Cuando se arriesga a amar, al mismo tiempo arriesga sentir el dolor de perder a esa persona. Sin embargo, cuando el dolor es insoportable, es aceptable moderarlo.

Dormir—Esto es esencial para curarse, elude a muchos. Busque métodos alternativos para dormir, si es posible. Tenga cuidado de ciertos tipos de medicamentos, especialmente la duración que toma la medicina. Vea el sitio www.insomnialand.com.

Espiritualidad o la Fe Personal—Aunque no es enfatizado en este libro, la importancia de la espiritualidad o la fe personal no se debe pasar por alto. Para muchas personas, su fe las sostiene, pero no les quita la nostalgia ni el echar de menos a sus queridos. Si su fe se ha destrozado, necesitará algo para consolarle. Hay que explorar, ir más profundo, ser abierto. Para los que se sienten confusos en cuanto a qué creer, este es un buen tiempo para buscar respuestas a sus preguntas.

Pensamientos Equivocados —Vea el Apéndice. Examine sus pensamientos negativos automáticos, y sustitúyalos por pensamientos más saludables.

Estructura—Agregue esto a su día si no lo tiene actualmente. Para los que se ponen a mirar la pared todo el día, es importante empezar de nuevo o crear unas rutinas familiares, aunque nada en su vida parezca familiar en este tiempo. Invente una razón para levantarse de la cama y vestirse.

Necesita tiempo libre para sanar, pero no en exceso.

Posesiones Misceláneas—Es tan difícil dejar ir de las cosas que heredan porque tanto de ellas tienen mucho valor sentimental—pero también pueden significar una carga pesada. Busque a alguien quien le pueda ayudar a empezar y aliviar su carga pesada. Esta persona debe ser extra sensible a sus necesidades. Haga tres pilas—basura, donaciones, y retener—en un armario o unas bolsas por unos meses hasta un año. Si no echas menos el contenido de las bolsas durante ese tiempo, luego lo puedes dejar ir. Si hay pertenencias de su querido cuales no podrá guardar por cualquier razón, tome fotos de estas pertenencias (un libro valorado, un mueble, o un suéter favorito), y ponga estas fotos en un álbum de fotos.

Carpa Resistente—Su sitio metafórico donde pueda reflexionar sobre lo que está ocurriendo en su vida. Es su tiempo para sentir seguro, quedarse quieto, y ganar una medida de fuerza.

Respaldo—Esto le viene de muchas formas. Si proviene de un amigo, un terapeuta, o un grupo de respaldo, asegure que le están dando el respaldo que necesita. Asegure que es alguien quien pueda escuchar sin tratar de reparar. El duelo debe ser reconocido y validado. No hay una solución para "superarlo." Trate de no exasperar sus amistades. Algunos amigos son capaces de escuchar por tanto tiempo que le hace falta. Otros estarán ahí para distraerle cuando necesite una tregua del duelo. Y otros saben cómo tomar acción de su parte. Sea consciente de los regalos particulares que le puedan ofrecer, tan bien como los que no puedan ofrecer. Reúna su sistema de apoyo alrededor como una cobija reconfortante.

Truco Mental de Teflón—Si algunas personas hacen comentarios insensatos, pero bienintencionados, o si crean un drama y le lanzan bombas, trate de desviarlas por encima de la cabeza. Igual como en un sartén de Teflón donde cualquier cosa que se cocine no se pega al sartén, imagine esto cuando un comentario insensato se lanza hacia usted. No deje que se pegue.

Cuente un Reportaje de Noticias—Si está atascado en un script incesante, repitiendo los mismos eventos, luego es tiempo de contar una historia nueva y más positiva. Aún si confía en su nueva historia al principio, imagine su vida con este cambio en su modo de pensar.

Gatillos—Un gatillo, puede ser cualquier cosa que provoca o causa una reacción—casi siempre una reacción negativa. Estos pueden surgir de la nada y tumbarle hacia abajo en un bucle; por ejemplo, pasar por un restaurante especial o ver pasar un auto conocido. Si recurren los mismos gatillos, debe evitar estos gatillos hasta que los pueda enfrentar mejor. Si no, recuerde que el bucle que le lleva hacia abajo no le llevará hasta el fondo. Confíe en que, con el paso del tiempo, aprenderá a acomodarse a estos gatillos.

Confianza—Tenga confianza en el proceso de curación y que usted cambiará con el paso del tiempo.

Bucles Ascendentes—Utilíelos sabiamente. Durante un bucle ascendente, tenga en cuenta las pequeñas fortalezas y las percepciones que obtiene. Cada bucle ascendente es un testamento a su resistencia. Saboree la sensación que sientee cuando se produce un bucle ascendente. Saboreando realmente cambia su química cerebral. Además, aproveche la energía para realizar algunas tareas. Inevitablemente, se producirá un bucle descendente.

Sopesar los Pros y los Contras—Si está luchando con tomar una decisión, siéntese y póngase a hacer una lista de los pros y los contras. Viendo la lista escrita le ayudará a despejar la mente.

Escritura—Escriba una carta a su querido si quedó algo pendiente que se tiene que resolver. Luego escríbase una carta de su querido. Imagine lo que su querido le diría como respuesta a su carta. Ponga atención a lo que le está pasando mientras escribe las cartas. El proceso de hacer este ejercicio es lo que es importante—no el producto.

CUENTO DEL VIAJERO

"Cuando se acercaba el primer aniversario de su muerte, sentí un pánico. No estaba seguro de poder aguantarlo. Me recordaba demasiado de lo que estaba ocurriendo el año pasado por este tiempo. Pero luego aprendí que los dos tiempos son tiempos distintos. Ahora, un año más tarde, estoy más adelante por el Camino. No me encuentro en el fondo sin las técnicas en la Mochila. De hecho, los peor ya ha pasado. Puedo sobrevivir esto. Esta es una loma—no una montaña."

PARTE VI: MÁS ADELANTE POR EL CAMINO

- Qué le significa Más Adelante por el Camino?
- Caminar Como Pato en Dos Caminos Paralelos

¿QUÉ LE SIGNIFICA MÁS ADELANTE POR EL CAMINO?

La mayor parte de la gente querrá llegar a este capítulo más pronto que se debe para dejar atrás ese lugar doloroso. Recuerde que el dolor representa el amor. Expresará su duelo al mismo nivel que expresó su amor. ¿No merecen los queridos un periodo de duelo?

A menos que de veras cree que se ha avanzado mucho por el Camino, debe saltar esta sección. O tal vez la puede leer para anticipar lo que venga más adelante. Yo creo en sembrar semillas y dejar que florezcan cuando es su tiempo. De hecho, sembrar semillas es lo que mis sesiones de consejería involucran cuando acuden a mí tras la muerte de un querido. Debido al shock, a menudo tal vez ni recuerden mis palabras con que les guio en su duelo. Sólo recuerdan la fundación y la estructura de la persona en quien confían para ayudarles.

Fíjense que Más Adelante por el Camino es su propio periodo de tiempo. Esto puede ser cuatro meses, un año o cinco años. Debe tener su propia definición de qué significa sanar. Más adelante por el Camino
puede significar que piensa menos de las circunstancias de la muerte y más del impacto que tendrá la vida sin su querido. Se preguntará cómo será su futuro sin él que siempre era el primero para decirle "¡Feliz cumpleaños!" o el que compartía con usted grandes diversiones o el único que le entendía. Todavía estará sacudiendo la cabeza sin creer, pero menos frecuente.

Cuestiones de la vida, más profundas, ampliando sus creencias fijas acerca de sí mismo y del mundo, tal vez surjan en este tiempo. Esto es algo saludable, y también puede ser aterrador. Fíjese en la conjunción—"y" en vez de "pero." Es útil poner dos ideas juntas, una al lado de la otra, en vez de oponerse una a la otra. Es una distinción sutil, pero merece ser explorada. (Vea el Repaso de Su Mochila: Declaraciones Paradójicas).

Uno de mis clientes me preguntó, "¿Cuál es el propósito del duelo?" Yo le dije que tal vez era un instrumento de medida para mostrar cuánto ama a esa persona. Ya sabe que no puede tener la luz sin la oscuridad. Ella replicó enfáticamente, "Yo no necesito tanto dolor como este para saber cuánto lo quiero. ¡Ya lo sé!"

Creo que, al fin y al cabo, el resultado de todo el dolor es que quiere que tenga significado. No querrá pasar por el terreno desgarrador, hacer todo el trabajo del duelo, y ver la luz al final del Camino sólo para que no signifique nada. Eso sería superficial. Sería semejante a las personas que sobreviven el cáncer sin cambiar nada emocional, física o espiritualmente en su vida. Le da ganas de toparles en la cabeza y preguntarles, "¿No aprendieron nada por esta adversidad?

Lo que la mayor parte de mis clientes me dicen que han aprendido, a lo mínimo, compasión para otras personas en duelo. Hasta que uno ha sufrido algo semejante, no por cómo dar respaldo a un doliente. Uno no puede comprender lo que no ha experimentado.

Al avanzar más adelante por el Camino—los Bucles, las Oleadas, o Bombas del Duelo vendrán menos frecuente. Eso significa que se sentirá "bien" por periodos más largos, y ganar más fuerzas y comprensión, con menos períodos de desesperanza. Tal vez empezará a tener más periodos de alivio. Se aventurará con más frecuencia, hacer más planes, pensar en más posibilidades.

Pero quédese preparado, porque sin duda, se dará con otra

bomba del duelo, y podrá ser sumamente intensa. Tal vez le retrasará tanto que sentirá como ha llegado al fondo otra vez. Sin embargo, recuerde que no está al fondo. Siente la intensidad porque ha tenido un periodo de sentirse bien y empezó a sentirse cómodo, silbando por el Camino, sin penas, pensando que ha dejado atrás el dolor. Luego—¡Bum! Le pegarán las bombas del duelo sin esperar, o puedan ocurrir cuando le toca encontrar de repente una carta de su querido escrita en su letra. Aunque sean intensas, ojalá sean breves y que ha estado practicando las técnicas cuales le ayudarán pasar por un bucle hacia abajo más fácil. Y recuerde que esto todavía es *normal*.

En este momento, se preguntará dónde por el camino se siente atascado. ¿Cuál terreno sigue impidiendo su Camino? Ojalá con el tiempo, ganará más perspectiva y muchas

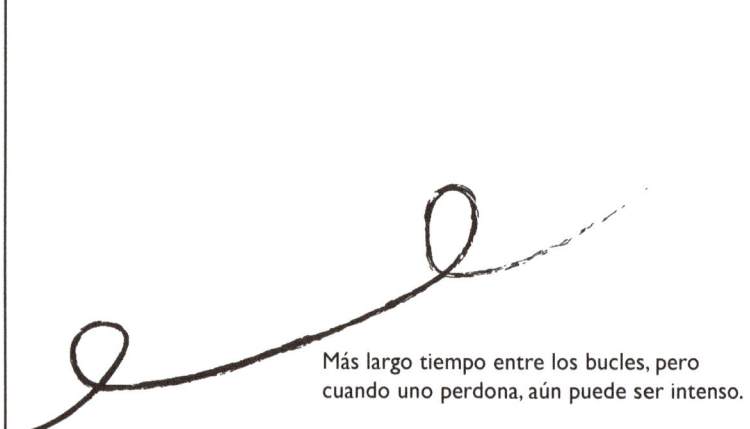

Más largo tiempo entre los bucles, pero cuando uno perdona, aún puede ser intenso.

BUCLES DE RECUPERACIÓN MÁS ADELANTE POR EL CAMINO

de las emociones, como la culpabilidad o el miedo han empezado a resolverse. Si no, haga su trabajo del duelo. Recuerde el método bufé para la curación.

Si lo que ha estado haciendo ya no funciona, luego haga otra cosa. Si las técnicas que le han ayudado ya no ayudan, pruebe otra técnica. También trate de utilizar otras partes del cerebro. Esto es un elemento
esencial cual le pueda ayudar a desalojar lo que está atascado. Tal vez se revelará algo nuevo de una manera que le abra horizontes nuevos. Puede ser emocionante, abrumador, desconcertante, aterrador
y fascinante a la vez.

¿Recuerda la colmena que estaba frente de su cara con todas las emociones del duelo? Eso fue sumamente agotador. Las nuevas emociones podrán ser estimulantes. No lo digo en el sentido de ser alegre o jovial, sino más como sentir como brotes nuevos en la primavera. Habrá la esperanza que la vida no siempre será oscura y sombrío. Puede considerar la posibilidad que una nueva vida, aunque sea una vida diferente, pueda comenzar. Un cliente me dijo, "No siento alegría todavía, pero puedo gozar ciertas cosas en mi vida ahora." Empiece a buscar las cosas en la vida que pueda gozar.

COMO UN PATO CAMINANDO EN DOS CAMINOS PARALELOS

En este punto, veamos dos Caminos paralelos. El primero es el Camino de Valor. Ha estado viajando por ese Camino por mucho tiempo. Ha estado haciendo su trabajo del duelo, desviándose por senderos y varios tipos de terreno. En algún punto, un camino paralelo se adentra en su vida. Tal vez tendrá poca más luz del sol, no tan sombrado con árboles gruesos o cactus espinoso.

Tal vez habrá más Vistas donde pueda miras atrás y reflexionar acerca de donde ha viajado. Podría reflexionar en alguna perspectiva nueva que no había pensado posible cuando tomó sus primeros pasos en el Camino de Valor. Desde estas Vistas, también podría reconocer que su pérdida no consume cada momento de su vida y que empieza a ver más color en su vida.

En mi oficina, frecuentemente observaba este momento porque mis clientes me preguntaban, "¿Consiguió una nueva pintura?" Había una grande pintura colorida directamente tras de mí. Les decía que siempre había estado ahí. Su reacción fue una de diversión o incredulidad. Esto significa que empezaban a abrirse a ver color en su vida. Usted tal vez pensará, "Bueno, si voy a vivir sin mi querido, debo comenzar a ver lo que vivir significa para mí." Tal vez sería buena idea hacerse más sociable, reanudar amistades de quien ha puesto al lado durante los días más sombríos de su duelo. Tal Vez buscará nuevas avenidas para hacer nuevas amistades. A la medida que su ser empieza a descongelarse, su corazón empezará a abrirse a otros de a
poquito.

En este nuevo Camino, pueda que quiera intentar un nuevo pasatiempo, nuevas creencias, o que buscar nuevas oportunidades. Una de mis clientes escogió tomar fotos como pasatiempo. Declaró que viendo por el lente de la cámara hizo que el mundo pareciera un poco más tierno.

Debido a que los dos Caminos son paralelos, tal vez sentirá como caminar balanceándose como un pato—con un pie en cada Camino a veces, o quizá, o como un conejo saltar de un Camino al otro una y otra vez. Mientras que en el primer Camino caminaba por la neblina o caminaba robóticamente un paso a la vez, ahora empiece a hacer sus pasos más intencionados, más deliberados.

CUENTO DEL VIAJERO

"Cuando murió mi papá, me quedé derrotada. Quería honrarlo de una manera que le habría hecho sentir orgulloso. Era un excelente cocinero y también era músico. Tomé la decisión de tomar lecciones para cocinar y para aprender a tocar la guitarra. Al principio me sentía entusiasmada. Tras varios meses, sin embargo, me di cuenta de que estas eran sus pasiones, no las mías. Comprendí que mi papá hubiera querido que yo encontrara mi propio camino."

Tal vez querrá contemplar lo que quiere llevar de su vida "antigua" a su vida "nueva' y lo que quiere dejar atrás.

¿Recuerda el capullo que le protegía? Ese capullo pueda sentir un poco estrecho, y tal vez un poco deprimente. Cuando esté listo--y sólo entonces—deje emerger la mariposa por la metamorfosis. La evolución sucede. La vida continúa. Permita que sea.

PARTE VII: EL CAPÍTULO QUE ESCRIBIRÁ USTED

No hay destino final, un lugar de bajarse. Ha estado en un viaje, y ha sido un proceso. Como ya sabemos, la vida es un proceso, y esto es lo que seguirá escribiendo.

Es una persona diferente ahora, y ojalá, una que ha adquirido compasión y discernimiento y otros "dones" como resultado de su pérdida. Nunca dejará de echar de menos a su querido o querida, pero el dolor se aliviará. Un doliente dijo tras varios años de viajar por el Camino, "Recuerdo el dolor, pero ya no *siento* el dolor."

Permita que el perder a su querido a querida tenga un propósito en su vida. Al menos sabrá cómo dar respaldo para alguien quien está en duelo. Esto, en sí, es significante.

Le deseo lo mejor en su viaje que sigue. Gracias por tener la fortaleza para caminar por el Camino de Valor.

No está solo o sola en su Camino.

APENDICE

- Parte 1: Bucles de Recuperación Infográfica
- Parte 2: Pensamientos, o Lista de Verificación para Trastornos Cognitivos
- Parte 3: Cómo Utilizar la Técnica de 4-Columnas
- Parte 4: Lo Que Pueden Esperar Sus Queridos
- Parte 5: Asertividad—Declaración de Derechos

PARTE 1: BUCLES DE RECUPERACIÓN INFOGRÁFICA

Lo que sigue es información importante acerca de cómo funciona el proceso de curación. Recuerde que la curación no ocurre en línea recta hacia arriba. Cuando empieza en el ciclo hacia arriba, le siente bien, pero sea consciente que habrá un ciclo hacia abajo. El ciclo a la baja le hace sentir como está empezando del fondo. Esto no es cierto porque Los Sentimientos Pasan y los Sentimientos Cambian. Confíe en el proceso de curación.

CAMINO DEL CORAJE QUIERE SER SU GUÍA DESDE EL
DUELO a la ESPERANZA.

Aquí hay un consejo para poner en su mochila mientras camina por el Camino de Valor.

LA CURACION NO ES UN CAMINO RECTO.

Alguna gente llama el Camino una montaña rusa, **pero es más ESPERANZADO verlo como una serie de ciclos ascendentes.**

○ **Cuando se adentra en un ciclo, representa una BOMBA DEL DUELO o una OLEADA DEL DUELO.**

   Tal vez SENTIRÁ como no ha progresado.

   De hecho, SENTIRÁ como está en el fondo, PERO...

LO QUE PASARÁ ES QUE EL VIAJE SE PARECERÁ ASÍ:

CICLOS ASCENDENTES, cuales yo llamo CICLOS DE RECUPERACION.

Empieza su viaje al momento del duelo— usted sabe cuándo empezó. No hay que explicar.

LA CURACION OCURRE EN CICLOS ASCENDENTES

...en realidad está haciendo progreso si está haciendo su trabajo del duelo.

Tendrá momentos, horas, tal vez algunos días que son "aceptables," luego da con una bomba del duelo o una oleada del duelo que le lanza en la confusión, la desesperación, una suma tristeza, nostalgia.

○ **Eventualmente (momentos, horas, días) esto pasará y entrará en un ciclo ascendente otra vez.**

Este proceso se repetirá.

Y es agotador.

○ **Cada vez que da con una bomba del duelo o una oleada del duelo, SENTIRÁ como si estuviera en el fondo..**

○ **Pero esto no es cierto porque los sentimientos pasan y los sentimientos cambian, y ha progresado, dejando varios ciclos atrás.**

○ **Confíe en el proceso de curación. Ascenderá de nuevo.**

PARTE 2: PENSAMIENTOS O LISTA DE VERIFICACION DE DISTORSIONES COGNITIVOS

Todo el mundo experimenta Pensamientos Equivocados. Sin embargo, cuando estamos en duelo, sintiendo vulnerables, y experimentamos varios tipos de emociones intensas, es cuando nuestras distorsiones tienden a magnificarse.

> Aquí hay una lista de distorsiones con cuales pueda identificarse. También he incluido un cambio de pensar cual pueda serle útil aún si no lo cree al 100 por ciento en este tiempo. En la siguiente página hay una hoja de ejercicios cual le ayudará a reestablecer el modo de pensar más saludable.

1. Pensar en Todo o Nada—Pensar en términos de negro o blanco, bueno o malo, no hay un punto medio. Ejemplos: "Nunca superaré esta pérdida." "Nadie me comprende." "Nadie me ayuda." Se aconseja excluir términos extremos como Siempre, Nunca, Todo el Mundo de su vocabulario. En su lugar, use términos moderados como Pueda que, Tal vez, Algunos, Posiblemente.

2. Filtración— Filtra todas las cosas positivas en su vida y se enfoca en las negativas. Aunque su vida se sienta totalmente negativa ahora, trate de pensar en una sola cosa cual agradece.

3. Echar la culpa—Se culpa a si mismo por algo que no fuera completamente responsable, o echa la culpa a otros, pasando por alto que sus propias actitudes y acciones tal vez contribuyeron a un problema. Este tipo de distorsión produce enojo, cual es física y emocionalmente perjudicial a su salud. Aunque tiene derecho a sus sentimientos, tenga cuidado en cómo los expresa.

4. QPLG (siglas en inglés: WWPT)—¿Qué Pensará La Gente? Le preocupa más mantener las apariencias de que ser auténtico. Mantener una apariencia es agotador.

5. Tener Razón—Se siente como está juzgado y que tiene que comprobar a todo el mundo que tiene razón; constantemente se defiende. Pregúntese si es más importante tener razón o sentir la paz.

6. Falacia de Equidad—Cree que todo en esta vida tiene que ser justo. Sabemos que esto simplemente no es verdad, aunque es algo que nos importa y que queremos. La equidad es subjetiva. Lo que es justo para una persona pueda ser injusto para otra.

7. Falacia del Cambio—No puede cambiar a otras personas. Uno sólo se puede cambiar a sí mismo en esta situación.

8. Falacia del Control—Cree que, si toma control sobre una situación, el resultado será aceptable o diferente. Las situaciones acerca de la vida y la muerte frecuentemente son más grandes que nuestra capacidad para controlarlas.

9. Magnificación o Minimización—Magnifica las cosas fuera de toda proporción o minimiza las cosas importantes. Sea consciente de cómo estos extremos puedan hacer una situación peor.

10. Si hubiera…y Si acaso…—Se volverá loco o loca pensar en estos escenarios sin obtener respuestas. También, el "¿Por qué?" no son muy útiles a largo plazo. Provocan la ansiedad. La mente busca resoluciones y respuestas. Es aceptable luchar con estas preguntas por un tiempo, pero en algún punto, cuando la lucha se hace fastidiosa, es tiempo oportuno apartarse de la lucha.

11. Exclusividad Terminal—Es cuando cree que nadie le comprende y que su situación es exclusiva, así que se aleja o no hace caso a sugerencias. Aferrándose a estas creencias pueda resultar en hacerle rencoroso o solitario.

12. Declaraciones "Debo…, Debería…"—Se critica a sí mismo o a otros con "Debo…, No debo…, Debería…, y Tengo que… son infractores. No ponga una carga de los "debo…, debería…, y tengo que…" en sí mismo o en otras personas.

13. Razonamiento Emocional—Razona según cómo se siente en algún momento. Por ejemplo, "Soy un fracaso." "Soy estúpido." Recuerde que los sentimientos justo son sentimientos. No son ni correctos ni incorrectos. Cambian, pasan, y pueden engañarle. Hay que separar quien es usted de lo que siente.

14. Regresar al Pasado—Estar atascado pensando en el pasado. Pensar en el pasado es normal, pero cuando se queda obsesionado en una escena particular, tal vez sea tiempo para buscar ayuda externa.

15. Anticipar el Futuro—Cuando se preocupa constantemente del futuro, se cultiva mucha ansiedad y miedo. La mayor parte de las cosas del futuro por cual uno se preocupa nunca se realizan. Haga una lista escrita de estas cosas en vez de entretenerlas en la cabeza. Además, trate de quedarse centrado en el presente. Permanezca en el presente en vez de anticipar el futuro.

16. Llegar a Conclusiones Precipitadas o Anticipar Catástrofes—Hacer una situación peor que realmente es sin considerar las pruebas. Este es semejante a Anticipar el Futuro y le pueda paralizar. Por escrito, debe sopesar las pruebas pros y contras. Busque ayuda sobre estas cuestiones.

17. Poner Etiquetas—Identificarse con sus debilidades o calificar a alguien subjetivamente. "Soy idiota. Todo lo que hago es equivocado." Todos son incompetentes." Tenga en cuenta que todo el mundo se equivoca, nadie es perfecto, y la mayor parte de la gente hace lo mejor que pueda. Calificarse a sí mismo o a otras personas simplemente es como batir la olla de Pensamientos Equivocados.

18. Falacia de Recompensas Celestiales—Creer que, si simplemente se dedica a trabajar con empeño y hacer "lo correcto," todo saldrá bien. Esta creencia tal vez le sirva en la vida, pero es un mito cuando se trata de la muerte y el duelo. Trate de ser positivo y realista a la vez.

PARTE 2: CÓMO USAR LA TÉCNICA DE CUATRO COLUMNAS

PASO 1: La primera columna se titula Pensamientos Negativos Automáticos. Estos pensamientos tal vez no sean necesariamente negativos. Para las personas en duelo, estos pensamientos puedan ser normales, pero puedan ser los que le previenen de avanzarse por el Camino de Valor. Fíjese en los pensamientos que constantemente le molestan y apúntelos por escrito.

Si hay algo que puede hacer en cuanto a acerca de estos pensamientos, hágalo entonces. Sin embargo, en la mayor de los casos, los pensamientos no sirven ningún propósito. A lo mejor, le estarán apaleando innecesariamente. Así que siga con el Paso #2.

PASO 2. Esta columna frena el tren desbocado de seguir por los carriles. Diga, ¡ALTO! ¿PARA QUÉ SIRVE? ¡ABSOLUTAMENTE PARA NADA! Recordará esto por la melodía de la canción, "War," por Edwin Starr.

Sea cual sea su pensamiento automático, si le sigue molestando, debe pararlo. ¿Sirve algún propósito? Casi nunca. Luego debe seguir a los próximos dos pasos. Si no lo hace, entonces seguirá avanzando el tren desbocado.

PASO 3: Identificar la Distorsión. Tome su lista de verificación de los Pensamientos Equivocados y vea cuál Pensamiento Automático corresponde con la lista. Varios puedan relacionarse. Puedan ser el Pensar en Todo o Nada y la Magnificación. Identificar lo que es relevante le ayudará a familiarizarse con la lista. Pronto empezará a reconocer cuando se adentra en los Pensamientos Equivocados, es decir, batir una olla mejor ignorada.

LA TÉCNICA DE 4-COLUMNA

Pensamientos Negativos Automáticos	¡Pare! ¿Para qué sirve? ¡Absolutamente Para Nada!
Nunca superaré esto. Estoy derrotado.	¡PARE!
Mi hermana nunca ayudó cuando Mamá necesitaba la ayuda. ¡Yo hice todo! ¡Ella debería haber ayudado más! No es justo.	¡PARE! Esto sólo provoca el enojo.
No me interesan los Grupos de Respaldo. No quiero saber del dolor de otros. Tengo suficiente de lo mío. Además, nadie podrá relacionarse con lo que yo he sufrido.	¡PARE!

PASO 4: Este paso es esencial en reconfigurar su pensar equivocado. Sustituya el pensamiento automático cual le molesta por algo más saludable, aunque no lo cree al 100 por ciento al momento. Si no puede pensar en algo que le parezca aceptable, luego piense en lo que le diría a un amigo, o busque a alguien que le pueda ayudar. Entonces, enfoque más en Columna 4 que en sus Pensamientos Automáticos.

Identificar la Distorsión	Sustituir por un Pensamiento más Saludable
Pensar en Todo o Nada	Algún día tal vez sanaré, pero siempre echaré de menos a mi querido. Me siento derrotado ahora, pero este sentimiento intenso pasará.
Todo o Nada Filtración Echar la Culpa Debo, Debería Falacia de la Equidad	Mi hermana ayudo cuando pudo. Después de todo, vivía en otro estado. Necesito esforzarme a dejar pasar estos sentimientos porque no quiero arruinar una relación familiar. .
Exclusividad Terminal	Tal vez ayudará y tal vez no. Debo mantene la mente abierta. Lo debo intentar.

PARTE 4: LO QUE PUEDEN ESPERAR SUS QUERIDOS

La gente que le ama y le quiere soportar durante su período de su duelo frecuentemente no sabe cómo ayudar o que decirle para consolarle. ¡Y, a veces, con las mejores intenciones, le pueden hacer sentirse peor!

> Aquí hay una lista de cosas que su familia y sus amigos deben comprender acerca del proceso normal del duelo para que puedan ayudarle más eficazmente y apenarse menos por usted. Favor de hacer copias para compartir con las personas que le aman.

- Mi proceso del duelo durará más tiempo que usted o yo quiera que dure.
- No puede resolver mi duelo por mí por lo que haga, pero agradezco que esté aquí para apoyarme.
- Estaré en un tipo de neblina por al menos tres meses. Cuando se levanta la neblina, es posible que parezca peor.
- Tendré períodos de estar bien, luego sentiré la desesperación de nuevo.
- Estaré exhausto. Estar en duelo es un trabajo duro.
- Mis deseos, mi creatividad, y mi motivación estarán ausentes por un tiempo.
- Mi capacidad de sentir la alegría también pueda estar ausente.
- Tal vez sentiré una variedad de emociones, desde la irritabilidad hasta una ira inexplicable, y pueda que usted sea el blanco. Favor de perdonarme.
- Soy vulnerable, me siento frágil, y no me siento resiliente ni competente.
- No puedo soportar demasiada estimulación. Probablemente no me sentiré muy sociable.
- Yo sé que echa de menos al "yo" de antes, pero soy cambiada para siempre tras perder a mi querido.
- Parecerá que yo no he progresado, pero estoy recuperándome de a poquito, con retrasos ocasionales. Recuperaré. Favor de ser paciente, cariñoso, y comprensivo.

PARTE 5: CADA HOMBRE Y CADA MUJER TIENE LOS SIGUIENTES DERECHOS HUMANOS BÁSICOS:

Cada hombre y cada mujer tiene los siguientes derechos humanos básicos:

- El derecho a negarse a pedidos sin tener que sentirse culpable ni egoísta.
- El derecho a expresar su enojo apropiadamente.
- El derecho a cometer errores.
- El derecho al respeto y la consideración por sus opiniones al igual que las opiniones de otros
- El derecho a que se consideren sus necesidades tan importantes como las de otra gente.
- El derecho a ser independiente.
- El derecho a no ser codependiente.
- El derecho a no tener que justificar su comportamiento. "No." es una frase completa.
- El derecho a cambiar de opinión.
- El derecho a decir, "No le sé." o "Debo pensar en ello."
- El derecho a decidir si soy responsable por resolver los problemas de otras personas. "Ayudar" no siempre ayuda.
- El derecho a no comprender. El derecho a no tener las respuestas.
- El derecho a pensar o decir, "No me importa."

Puede elegir no ejercer ninguno de estos derechos a cualquier tiempo. También puede ejercer algunos de ellos algunas veces, o todos, todo el tiempo. La decisión es suya, y no es una que se pueda imponerle por otra persona.

RECURSOS

Aquí hay unos libros que les quiero recomendar:

Tear Soup: A Recipe for Healing After Loss by Pat Schwiebert and Chuck DeKlyen. Illustrated by Taylor Bills

The Artist's Way: A Spiritual Path to Higher Creativity by Julia Cameron

Forgive for Good: A Proven Prescription for Health and Happiness by Frederic Luskin

The Book of Forgiving: The Fourfold Path for Healing Ourselves and Our World by Desmond Tutu

On Living by Kerry Egans

Healing After Loss: Daily Meditations For Working Through Grief by Martha Whitmore Hickman

Ambiguous Loss: Learning to Live with Unresolved Grief by Pauline Boss

The Little Book of Gratitude by Robert A. Emmons

In the Sea of Grief and Love by Susan Cochran

Nurturing Healing Love: A Mother's Journey of Hope and Forgiveness by Scarlett Lewis

Dying to Be Free: A Healing Guide for Families after a Suicide by Beverly Cobain and Jean Larch

Every Last One by Anna Quindlen

Yoga for Grief Relief by Antonio Sausys

Swimming in the Sink: An Episode of the Heart by Lynne Cox

www.ingramcontent.com/pod-product-compliance
Lightning Source LLC
Chambersburg PA
CBHW062026290426
44108CB00025B/2802